삼 세 인 과

설화 · 영험

머 리 말

　혼히들 나는 결코 남들에게 피해를 준 일이 없는데, 나는 세상에 태어나 약한 사람들을 억울하게 하거나 그들의 마음을 아프게 한 일이 없는데, 나야말로 양심을 가지고 착하고 곧게 살아온 사람인데 왜 나는 고통을 받아야 하는가 라고 생각하기 마련이다.

　그러나 누가 전생의 자기 행위까지 기억하고 있는가? 그것을 알지 못하는 한, 어느 누구도 자신의 결백을 남에게 말할 수 없다. 과거 · 현재 · 미래는 각각 단절되어 있는 것이 아니라 이어져 있기 때문이다. 현재는 과거로 흘러가고, 흘러간 과거는 미래로 돌아오고, 돌아온 미래는 또다시 돌아오는 시작도 끝도 없는 둥근 원처럼 이어져 있는 것이다.

　그렇기 때문에 현재의 행 · 불행도 모두가 자기 자신이 창조해 놓은 과거의 필연적인 원인에 의하여 이루어진 결과인 것이다. 원인 없는 결과가 있을 수 없기에….

　만약 내가 바라는 것이 무엇인가를 확인하였다면 그 바람을 이룰 수 있는 씨앗을 뿌려야 한다.

　인간의 행과 불행을 가장 과학적으로 규명하는 데는 인과법칙보다 분명하고 정확한 논리는 없다고 생각되기에, 인과응보因果應報의 큰 뜻을 바르게 이해하는 것이 곧 신앙생활을 참되게 하는 것이라 생각된다.

삼세인과三世因果의 법문이 사람들 마음을 밝히는 감로의 비가 되고, 바르고 진실되게 살아가는 지혜가 되길 바라는 마음으로 전생前生의 과실로써 금생今生을 살필 수 있고, 금생에 지은 인因으로 내생來生을 예견할 수 있다는 삼세인과경에 나타나는 인과법문의 대요를 알기 쉽게 밝혀 보았으니 모든 이의 등불이 되었으면 한다.

선善이 선을 낳고

악惡이 악을 낳고….

이렇게 거듭 되풀이되어 삼선도(天道·人道·阿修羅)에 나고, 삼악도(地獄·餓鬼·畜生)에 나는 것을 육도윤회라 한다.

삼계가 마치 두레우물에 물 긷는 두레박과 같아서

백천만 겁의 티끌과 같은 미진수를 지나네.

이 몸을 금생에 제도하지 못하면

다시 어떤 생을 기다려서 제도시킬 것인가?

옛 조사님들은 이렇게 읊었다.

하지만 사람들은 미혹하여 육도윤회를 선상에서 살

고 있다는 사실을 망각하고 악업을 짓게 되어 다시는 인도人道를 만나지 못하는 우를 저지르기도 한다.

오늘의 이 몸도 다 업業에서 생겼듯이 그것이 비록 선업이든 악업이든 인간 몸 받았을 때 참회하며 수도하고 선행을 베풀어 영원히 영원히 해탈하자.

붙잡을 수 없는 이 마음도 인연따라 생生하고 인연따라 멸滅한다 했으니 윤회를 알고 하루를 살더라도 발자국 있고 생명 있게 살자.

'즐거운 곳의 낙樂은 참다운 낙이 아니며, 괴로운 가운데서 낙을 얻어야만 비로소 묘취妙趣를 맛본다' 는 옛글귀가 말해주듯 오늘의 이 고통, 금생의 고뇌를 비관치 말고 역경과 고난이 있고 마음이 흔들림이 있을 때 믿음이 진실하듯이, 또한 고통의 진수를 알아야만이 기쁨의 정곡도 알 수 있듯이 갈등과 시련과 고난 속에서 자기 완성을 이룰 수 있다.

인간은 미완성이기 때문에 자기 방어를 해야 하고, 자기 방어를 위해서 덕德을 쌓아야 한다.

번뇌의 중생을 활 다루듯이 잘 두루어서 숙업의 습기를 소멸하여 세세생생 복된 삶을 살자.

| 차 례 |

3. 관음신앙의 영험편

삼 세 인 과

제 *1* 장
삼세인과(三世因果)

삼세인과(三世因果)

　한때 부처님께서 영산회상(靈山會上)의 제자 천이백오십 명과 함께 계실 때 아난이 부처님 발끝에 이마가 닿도록 공손히 세 번 절한 후, 무릎을 꿇고 합장하며 여쭈었다.

　"세존이시여! 청하여 묻사옵니다. 남염부제의 모든 중생들이 말법시대에 이르러 선근(善根)이 약하고 악업(惡業)이 두터워서 불(佛)·법(法)·승(僧) 삼보(三寶)를 공경하지 않고, 계(戒)·정(定)·혜(慧) 삼학(三學)을 귀중하게 여기지 아니하며, 부모에게 효(孝)를 하지 않으며, 세상에 나서 인간으로서의 행할 바를 모르며, 육근(眼·耳·鼻·舌·身·意)은 온전치 못하며, 남을 해치고 살생하는 짓이 난무하고, 근심과 고통으로 한평생을 마치는 사람들로 가득하오

며, 또 잘사는 사람과 못사는 사람이 있어 평등하지
않으니 어떠한 인연(因緣)으로 받는 업보이옵니까?

바라옵건대 삼세인과를 통달하신 세존께옵서 자비
를 베푸시어 저희들과 모든 중생들에게 자세히 말씀
하셔서 모든 중생들이 잘 알아듣고 그리하여 마음과
몸으로써 바른 도를 행할 수 있도록 자비하신 마음으
로 자세히 일러주시기를 바라옵나이다.”

“착하고 착하도다. 내가 마땅히 너희들을 위하여
분명하게 설하노니, 청정한 마음으로 잘 살펴 듣기 바
라노라.

이 세상의 모든 남녀가 잘살고 못살고, 귀하고 천
하며, 또한 끝없이 받는 고통과 한없이 받을 수 있는
행복도 모두가 전생(前生)에 지은 인과로 보(報)를
받는 것이니라.

첫째, 부모를 받들고 효도하며 둘째는 삼보를 믿고
우러러 받들며, 셋째로는 살생(殺生)을 하지 않고 방
생(放生)을 하며, 고통받는 모든 중생을 가엾이 여기
며, 공양(供養)과 보시(布施)에 힘쓰면 삼보천룡(三
寶天龍)이 항상 보호하여 주며 후세에 복을 받을 수
있는 씨앗이 되느니라.”

이어서 부처님께서 인과를 게송으로 말씀하셨다.

부(富)하고 귀한 행복한 운명은

전생에 닦은 바 인연이 씨앗이 되어
얻어지는 것이니라.
똑같은 인간의 몸으로 태어나서
같은 하늘, 달 아래 같은 공기를 마시며 살되
착한 사람 악한 사람, 잘사는 사람 못사는 사람으로
그 삶이 각양각색인 까닭도
자작자수(自作自受)요, 인과응보(因果應報)인지라,
곧 스스로 지어서 스스로 받기 때문이니라.
그러므로 부처님의 가르침을 받들어 지니면
세세생생(世世生生)에 그 복이 한량없으리라.
선남자 선여인들이여!
참으로 삼세인과경의 말씀을 들을지니,
삼세인과경을 듣고 생각하여 삼세인과를 가벼이 여
기지 말며, 부처님의 진실된 말씀을 듣는 인과를 알
도록 하여라.

이어서 부처님께서는 삼세인과에 대하여 자세히 예
를 들어 말씀하셨다.

◇ 금생(今生)에 타인으로부터 칭송을 받으며 높은
관직을 얻은 사람은 무슨 인과인가?
전생(前生)에 부처님의 법을 지키고 불상을 금으로
단장한 공덕이니라. 전생에 닦아서 금생에 받는 것이
니 좋은 옷과 높은 자리도 부처님 말씀을 믿고 따르

며 실천한 공덕이니라. 황금으로 불상을 단장하는 것
은 곧 스스로를 단장하는 것이요, 옷으로 부처님을 위
하는 것은 곧 자신을 보살피는 것이니라. 높은 관직이
쉽다고 말하지 말라. 전생에 닦은 공덕이 아니고서는
어디서 오겠는가?

◇ 금생에 총명하고 재주가 있는 사람은 무슨 인과
인가?
전생에 경전을 널리 보급하고, 스님이나 공부하는
사람에게 도움을 준 공덕이니라.

◇ 비단옷, 빼어난 옷을 입은 사람은 무슨 인과인가?
전생에 스님들께 의복을 많이 보시한 공덕이니라.

◇ 차나 비행기 타고 편안하게 다니는 사람은 무슨
인과인가?
전생에 다리를 놓고 길 닦은 공덕이니라.

◇ 금생에 의식(衣食)이 풍부하며 부귀영화를 누리
는 사람은 무슨 인과인가?
전생에 재물을 탐내거나 남에게 인색하지 않고 가
난한 사람을 위해 서슴없이 보시한 공덕이니라.

◇ 먹고 입는 것이 항상 부족한 사람은 무슨 인과인가?

전생에 한푼의 돈도 남에게 보시하지 않은 결과이니라.

◇ 좋은 집에 잘 꾸미고 큰 집에 사는 사람은 무슨 인과인가?

전생에 높은 산에 있는 암자나 절에 쌀을 많이 보시한 공덕이니라.

◇ 금생에 복록을 두루 갖춘 사람은 무슨 인과인가?

전생에 절을 짓고 정자를 지은 공덕이니라.

◇ 금생에 의·식·주가 구족하며 가족들 간에 화목하게 사는 사람은 무슨 인과인가?

전생에 부처님 계신 불전(佛殿)을 청정히 한 공덕이니라.

◇ 금생에 생김새가 단아하고 엄정하고 잘생긴 사람은 무슨 인과인가?

전생에 부처님께 싱싱한 꽃을 공양 올린 공덕이니라.

◇ 금생에 화합으로 모든 일을 도모해 나가는 사람은 무슨 인과인가?

전생에 거짓말을 하지 않고 청정한 계행(戒行)을 지키며, 언제나 깨끗한 손으로 부처님께 향을 올린 공덕이니라.

◇ 금생에 총명하고 지혜 있는 사람은 무슨 인과인가?

전생에 재 지내고 염불을 열심히 한 공덕이니라.

◇ 아름답고 예쁜 여자를 아내로 얻은 사람은 무슨 인과인가?

전생에 남을 부처님께 많이 인도한 공덕이니라.

◇ 금생에 좋은 배필을 만나 행복을 누리며 잘 살아가는 사람은 무슨 인과인가?

전생에 부처님의 경전(經典)을 많이 인간(印刊)해서 널리 법보시를 베푼 공덕이니라.

◇ 금생에 부모를 모시고 가족끼리 화목하고 단란하게 잘사는 사람은 무슨 인과인가?

전생에 여러 사람과 함께 한자리에 모여서 불경을 청정한 마음으로 읽은 공덕이니라.

◇ 금생에 부부가 오래도록 함께 사는 사람은 무슨 인과인가?

전생에 부처님께 아름다운 실과 천으로 만든 깃발을 장엄한 공덕이니라.

◇ 금생에 부모와 함께 사는 사람은 무슨 인과인가?

전생에 혼자된 외로운 사람을 잘 돌봐주고 공경한 공덕이니라.

◇ 금생에 양부모가 다 없는 사람은 무슨 인과인가?

전생에 많은 새를 때려죽인 결과이니라.

◇ 금생에 비천하여 사람답게 살지 못하는 사람은 무슨 인과인가?

전생에 남을 학대하고 해롭게 했으며, 또 비록 재물이 없어 보시공덕을 못 지을 적에 남에게라도 선행을 권유하는 일을 꺼린 까닭이니라.

◇ 금생에 음성이 아름다워서 사람들을 즐겁게 해주는 사람은 무슨 인과인가?

전생에 구리와 쇠를 희사하여 범종불사를 한 공덕이니라.

◇ 금생에 늙어서도 눈빛이 맑고 얼굴이 밝은 사람은 무슨 인과인가?
전생에 부처님께 등불공양을 많이 한 공덕이니라.

◇ 금생에 자손이 많은 사람은 무슨 인과인가?
전생에 갇힌 새를 많이 살려준 공덕이니라.

◇ 금생에 부부간에 화합하고 금실이 좋은 사람은 무슨 인과인가?
전생에 약속을 잘 지키며 신의를 지킨 공덕이니라.

◇ 금생에 몸이 약해서 병이 많아 신음하는 사람은 무슨 인과인가?
전생에 남에게 악취를 뿌리며 부처님 도량에서 술 마시고 고기를 먹은 결과이니라.

◇ 금생에 수명장수하는 사람은 무슨 인과인가?
전생에 많은 생명을 보호하고 방생을 많이 한 공덕이니라.

◇ 금생에 거지가 되어 구걸하러 다니는 사람은 무슨 인과인가?
전생에 악한 마음 품고 불쌍한 사람을 고통받게 한

결과이니라.

◇ 금생에 아내와 자식에게 학대받는 남자는 무슨 인과인가?
전생에 처자를 돌보지 않고 다른 여자와 정을 통한 결과이니라.

◇ 금생에 아들딸이 없어서 외롭게 살아가는 사람은 무슨 인과인가?
전생에 꽃을 함부로 꺾은 결과이니라.

◇ 금생에 소나 말로 태어나는 것은 무슨 인과인가?
전생에 남의 빚을 갚지 않은 결과이니라.

◇ 금생에 음식 솜씨가 좋으며 살림 잘하는 여자는 무슨 인과인가?
전생에 부처님 앞에 정성껏 공양한 공덕이니라.

◇ 금생에 남의 자식을 기르거나 불효한 자식을 둔 사람은 무슨 인과인가?
전생에 여자 몸에 빠져 산 결과이니라.

◇ 금생에 남과 싸움을 잘하며, 시비곡절을 지나치

게 따지는 사람은 무슨 인과인가?
　전생에 많은 사람을 괴롭힌 결과이니라.

　◇ 금생에 단명한 사람은 무슨 인과인가?
　전생에 산목숨을 많이 잡아죽인 결과이니라.

　◇ 금생에 홀아비 신세로 혼자 사는 사람은 무슨 인
과인가?
　전생에 남의 아내와 못된 짓을 한 결과이니라.

　◇ 금생에 과부가 되어 외롭게 혼자 살아가는 사람
은 무슨 인과인가?
　전생에 남편을 헐뜯고, 대들고, 가볍게 여긴 결과이
니라.

　◇ 금생에 눈이 좋은 사람은 무슨 인과인가?
　전생에 기름 시주를 많이 하고 부처님전에 등불을
밝힌 공덕이니라.

　◇ 금생에 한쪽 눈이 멀고 보지 못하는 사람은 무슨
인과인가?
　전생에 바른길을 똑바로 가르쳐 주지 않은 결과이
니라.

◇ 금생에 자식에게 학대받는 여자는 무슨 인과인가?

전생에 자식을 돌보지 않고 딴 남자와 정을 통한 결과이니라.

◇ 금생에 방탕하고 불효하는 자식을 두어 고통받는 사람은 무슨 인과인가?

전생에 자식들이 보는 앞에서 방탕한 음행을 한 결과이니라.

◇ 금생에 비천하여 사람답게 살지 못하고 남의 밑에서 일하는 사람은 무슨 인과인가?

전생에 남을 학대하고 괴롭히며, 남의 빚을 갚지 않고 약속을 지키지 않은 결과이니라.

◇ 금생에 입이 잘 허는 사람은 무슨 인과인가?

전생에 부처님전에 있는 등불을 입으로 불어 끈 결과이니라.

◇ 금생에 귀머거리·벙어리가 되는 사람은 무슨 인과인가?

전생에 부모에게 불효하고 불평불만한 결과이니라.

◇ 금생에 등이 굽은 사람은 무슨 인과인가?
전생에 부처님전에 절하는 사람을 보고 조소하고 우롱한 결과이니라.

◇ 금생에 팔이 굽은 사람은 무슨 인과인가?
전생에 손으로 남에게 나쁜 짓을 한 결과이니라.

◇ 금생에 다리가 굽거나 짧은 사람은 무슨 인과인가?
전생에 길에서 사람을 때리고 길을 막은 결과이니라.

◇ 금생에 돼지나 개가 되는 것은 무슨 인과인가?
전생에 남을 속이고 해친 결과이니라.

◇ 금생에 근심·걱정 없이 살아가는 사람은 무슨 인과인가?
전생에 스승을 잘 모시고 부처님의 말씀을 잘 따른 공덕이니라.

◇ 금생에 남의 스승이 되어 남을 가르치는 사람은 무슨 인과인가?
전생에 부처님의 경전을 설할 때 청정한 마음으로 듣고 새겨 행한 공덕이니라.

◇ 금생에 건강하고 편안하게 잘사는 사람은 무슨 인과인가?

전생에 병든 사람을 보살피고 좋은 약을 공부하는 사람이나 스님에게 드린 공덕이니라.

◇ 금생에 즐거움을 잃지 않고 살아가는 사람은 무슨 인과인가?

전생에 꽃을 잘 가꾸고 자연을 사랑한 공덕이니라.

◇ 금생에 뜻하지 않는 재난으로 불구의 몸이 되거나 가족을 잃은 불행을 당하는 사람은 무슨 인과인가?

전생에 불경의 말씀이나 스승의 가르침을 어기고 많은 사람들의 뜻을 어긴 결과이니라.

◇ 금생에 질병으로 신음하다가 목숨을 잃은 사람은 무슨 인과인가?

전생에 부처님 도량이나 청정한 곳에 침이나 가래를 뱉어 더럽힌 결과이니라.

◇ 금생에 맛좋은 음식을 위장이 나빠서 두고도 먹을 수 없는 사람은 무슨 인과인가?

전생에 부처님전에 놓여 있는 음식을 남보다 먼저 먹었거나 훔쳐먹은 결과이니라.

◇ 금생에 죄를 지어 교도소에 가는 사람은 무슨 인과인가?

전생에 남을 봐주지 않고 나쁜 짓을 많이 한 결과이니라.

◇ 금생에 굶어 죽게 되는 사람은 무슨 인과인가?

전생에 쥐구멍 · 뱀구멍을 막은 결과이니라.

◇ 금생에 우연히 병신이 된 사람은 무슨 인과인가?

전생에 부처님전에 있는 향로를 타넘고 경전을 타넘은 결과이니라.

◇ 금생에 키가 작아 볼품이 없는 사람은 무슨 인과인가?

전생에 불경책을 땅바닥에 놓고 봤으며, 나무를 함부로 베어 죽게 한 결과이니라.

◇ 금생에 고독한 신세가 되어 얻어먹는 사람은 무슨 인과인가?

전생에 나쁜 마음으로 따지기를 좋아한 결과이니라.

◇ 금생에 벼락맞아 불타 죽은 사람은 무슨 인과인가?

전생에 재물을 탐내어 저울질이나 되질 · 말질을 속여 편취한 결과이니라.

◇ 금생에 뱀이나 새로 태어나는 것은 무슨 인과인가?

전생에 간사하고 거짓말을 잘하고 경솔한 짓을 한 결과이니라.

◇ 금생에 불구의 몸이 되어 고통받는 사람은 무슨 인과인가?

전생에 불법을 비방하고 물고기를 낚아 올린 결과이니라.

◇ 금생에 피로를 자주 느끼는 사람은 무슨 인과인가?

전생에 고기 먹고 염불하고 독경한 결과이니라.

◇ 금생에 독약을 먹고 죽은 사람은 무슨 인과인가?

전생에 냇물 막고 독약을 뿌려 고기를 잡은 결과이니라.

◇ 금생에 창병 · 간질병 · 미친병에 헤매이는 사람은 무슨 인과인가?

전생에 불(佛) 도량에서 고기 구워 먹은 결과이니라.

◇ 금생에 몸에서 냄새나는 사람은 무슨 인과인가?
전생에 가짜 향을 판 결과이니라.

◇ 금생에 제 명에 못 죽는 사람은 무슨 인과인가?
전생에 여자를 숲으로 끌고 가서 못된 짓을 한 결과이니라.

◇ 금생에 늙어서 혼자되어 외로이 사는 사람은 무슨 인과인가?
전생에 다정한 사람들을 시기·질투한 결과이니라.

◇ 금생에 많은 사람의 공경을 받는 사람은 무슨 인과인가?
전생에 빈부귀천을 가리지 않고 사람의 가치가 존귀함을 남들에게 가르쳐 준 공덕이니라.

◇ 금생에 얼굴이 누추하여 보기 흉한 사람은 무슨 인과인가?
전생에 몸맵시가 좋은 사람을 시기하며, 스스로 몸을 돌보지 않은 결과이니라.

◇ 금생에 성불구(性不具)의 몸이 되어 고통을 받는 사람은 무슨 인과인가?

전생에 자기 배우자 아닌 사람과 정을 통하였거나 강제로 수욕을 채운 결과이니라.

◇ 금생에 호랑이나 독사에게 물리는 사람은 무슨 인과인가?

전생에 원한·원망을 지니고 서로 해를 입힌 결과이니라.

수없는 죄와 복을 스스로 짓고 스스로 받으니 지옥에 떨어진들 누구를 탓하랴.

인과응보 없다는 말 함부로 하지 말라. 멀리는 자손에게 있고, 가까이는 자기 몸에 있나니.

어리석은 자는 괴로운 오늘의 악업의 과(果)를 피해 달아나도, 자신이 지었기 때문에 받아야 할 악의 인(因)은 또다른 곳에서도 기다리는 법이건만, 원망하고 저주하면서 다른 죄와 구업(口業)을 지어 내생(來生)의 또다른 악업의 씨앗을 뿌리고 현명한 자는, 괴로운 오늘의 악업의 과는 스스로 지어서 스스로 받는 것인지라 순응하고 참회하며, 정진하고 수도하여 내생의 좋은 과를 위해 오늘도 선근(善根)의 인을 심는 것이니라.

한 가지 선근을 심은 과보(果報)로

1천 겁에 같이 선근을 심은 자는 한 국토에 나게 되며

2천 겁이면 하루 동행을 하게 되며

3천 겁이면 하룻밤을 함께 자게 되며

4천 겁이면 한 동족, 한 마을에 나게 되며

5천 겁이면 한 이웃에 태어나게 되며

6천 겁이면 하룻밤 동침하게 되며

7천 겁이면 한집에 나서 살게 되며

8천 겁이면 부부가 되어 살게 되며

9천 겁이면 형제자매가 되어 살게 되며

1만 겁의 선근을 심으면 부모·사제(師弟)간이 되느니라.

콩 심은 데 콩 나고, 팥 심은 데 팥 나듯이 내가 뿌린 인(因)은 반드시 과(果)가 되어 내가 받는 법, 미래에 받을 몸이 바로 이 몸이 아니던가.

전생의 인과를 묻는 이, 이 세상에서 복받는 사람을 볼 것이며 후세의 인과를 알고자 하는 이, 이 세상에서 자기가 행동하고 있는 것을 볼지니라.

이 세상에서 우연히 물건을 잃거나 도적을 만나 물건을 빼앗기면 전생에 진 빚을 갚는 것이라 생각하라.

남을 동정하고 고통받는 사람을 가엾게 보살피는 이는 내생의 선근의 인(因)을 심는 것이며, 내생의

선근의 과(果)를 받게 되는 것이니라.

전생에 부귀를 누렸다 하더라도 계속해서 이승에서 공덕을 짓지 아니하면 다음 생의 복락을 누가 장담할 것인가?

지어놓은 복은 하나이니 어찌 계속해서 복을 짓지 아니할 것인가? 내가 지어놓은 복은 체로 걸러도 흐르지 않는 것, 내일의 행복을 위해 계속해서 복을 지어야 할 것이니라.

진리의 말씀이나 불(佛)·법(法)·승(僧) 삼보를 거역함이 제일가는 죄업이 되고 부모를 거역함은 은혜를 저버리는 것이니라. 인연과 과보의 이치를 잘 알아 믿고 행하는 사람은 천상천하에 존귀한 사람이 될 것이며, 금생에 삼보를 공경하고 삼보에 귀의하며, 진실로 믿어 경전을 법보시하는 사람은 다음 생에는 반드시 귀하게 태어나서 무량한 복락을 얻을지니라.

재 지내고 닦은 공덕 믿지 못하면, 바로 앞에 복받은 사람을 살펴볼 것이요, 전생에 닦은 공덕 금생에 받고 금생에 쌓은 공덕 내생에 받느니라.

만약 어떤 사람이 인과경을 비방하면 후세에 사람 몸을 받지 못하며, 인과경을 받아 지닌 사람은 불·보살님이 증명하시나니 인과경을 펼친 사람은 자손대대 집안에 학문이 높아 흥성하리라. 인과경을 모시며 공경하는 사람은 나쁜 재앙 흉난이 몸에 다다르지 않으

며, 인과경을 설명하는 사람은 세세생생에 총명함을
얻을 것이며, 인과경을 큰소리로 독송하는 사람은 다
음 생에 모든 사람들에게서 존경과 사랑을 받으리라.

만약 전생의 인과경을 묻는다면, 가섭이 보시한 공
덕으로 금빛 몸을 얻었다 하며, 만약 후세의 인과경을
묻는다면, 선성이 법을 비방하다가 사람 몸을 잃었다
하리라.

만약 인과에 감응이 없었다면 목련존자의 어머니가
어떻게 아들의 천도재로 천상에 날 수 있었겠는가?

누구든지 인과경을 깊이 믿으면 모두 서방의 극락
세계에 태어날 것이니라.

삼세의 인과설은 다함이 없고 용과 하늘은 착한 마
음 가진 이를 보호하나니 삼보 문중에 복덕 닦기를
즐겨하면 한푼을 베풀고도 만금을 이루어 받느니라.

너희들에게 견우고를 주노니 세세생생에 복락이 끝
이 없으리라. 만약 전생 일을 묻는다면 금생에 받는
것이 바로 그것이요, 만약 내생의 일을 묻는다면 금생
에 짓는 것이 바로 그것이니라.

제 2 장
삼세인과설화
(三世因果說話)

삼세인과 설화

부처님은 법구경에서 말씀하시기를, "설사 백천 겁을 지날지라도 지은 업(業)은 없어지지 아니하고 인연(因緣)이 모여 만날 때에는 많은 과보(果報)를 돌려받으리라" 하셨다.

그래서 선한 업을 지으면 선보(善報)를 받고, 악한 업을 지으면 악보(惡報)를 받는 것, 이는 인과응보(因果應報)의 법칙이다.

전생에 지은 업은 금생에 받고, 금생에 지은 업은 내생에 아니면 그 내후생에라도 받는다. 이렇게 불교에서는 삼세인과를 주장한다.

금생에 도를 닦아서 깨치지 못하였다 하더라도 내생에라도 가서 깨달아 오도(悟道)하겠다고 금생에 원(願)을 세워 발원하면 빠르면 금생에, 늦으면 내생에

라도 그 원을 펼 수가 있는 것이다. 그러기에 선인선
과(善因善果)요, 악인악과(惡因惡果)라. 콩 심은 데
콩 나고, 팥 심은 데 팥 나듯이 선업을 지으면 선보를
받을 것이며, 악업을 지으면 악과를 받는 것이매 삼세
인과설은 불교의 중심 사상이 되는 것이다. 그러므로
불교에서는 삼세인과설을 깨달아야 하며 보시공덕(布
施功德)을 숭상하고 있다.

　보시공덕이란 음식·옷 등을 삼보(佛·法·僧)나 부
모·스승·영가(靈駕) 등에게 드리는 것과 향(香)·
등(燈)·다(茶)·과(果)·화(花)·미(米) 등 공양
과 절을 짓는다거나 탑을 조성하는 불사에 동참함을
말한다. 이렇듯 선근 인연을 심으면 금생, 혹은 내생
에는 무량한 복덕을 누리게 된다. 공덕을 쌓는 데 성
력(誠力)을 기울이면 그것이 비록 보잘것없는 것이라
도 반드시 헛되지 않는 선근 인연의 뿌리를 내릴 수
있다.

　유교에서는 도덕률을 내세우며 현세를 말하고, 기
독교에서는 금생에 하나님만을 믿고 따르면 천당에
간다고 말하면서 금생과 내생을 내세우고 있다. 그러
나 불교만이 삼세를 논하며, 윤회(輪廻)를 논하고 깨
달음을 요구하는 것이다. 그러므로 불교가 어느 신앙,
어느 종교보다도 수승하다 하겠다.

　부처님께서 모든 중생들에게는 다 불성(佛性)이 있

다 하셨듯이 자성을 깨달은 자만이 윤회의 선상에서
해탈할 수 있다. 그 모든 것이 자작자수(自作自受)요,
인과응보(因果應報)인지라 오늘의 내가 한푼을 베풀
고도 내일의 내가 만금을 받으며, 남에게 도움을 주는
것이 비록 적을지라도 그 보(報)는 적지 아니하고,
남에게 지혜를 조금만 베풀어도 그 복은 한량없다고
하였다. 그래서 우리는 어떤 위치에 처해 있다 하더라
도 약자를 가엾이 여기며 보살펴야 하고, 남에게 도움
을 줄지언정 남을 해치고 속이면 반드시 응분의 죄보
를 받는 것이다.

그러한 삼세인과와 관세음보살님의 영험에 대한 설
화가 많이 전해지고 있어 여기 몇 가지 엮어보았다.

1. 윤회와 전생편

김대성이 양세 부모를 위하여 절을 짓다

신라 제31대 신문왕 때 어느 고을에서 한 사내아이가 탄생하였다.

아이의 아버지는 아들이 크게 자라 가문을 일으키고 나라의 동량(棟樑)이 되라는 뜻으로 이름을 대성(大城)이라 지었다. 그런데 대성의 아버지는 아들이 아주 어렸을 때 그만 세상을 떠나고 말았다.

홀어머니 손에서 어렵게 자란 대성, 그러나 어머니의 정성이 지극하였던지 대성이는 어려서부터 총명하고 너그러웠으며 효성이 지극하였다.

대성의 어머니는 아버지 없는 아들을 그 누구보다도 더욱 훌륭하게 키워 아버지의 뜻대로 나라의 동량이 되게 하리라 굳게 결심하고 부단히 노력하였으나 살림이 가난하여 글방에 보낼 능력이 없었다. 어머니

는 그 고을의 부호인 복안(福安)의 집에 침모로 들어
가 있으면서 대성이를 글방에 보내고 오직 대성이 출
세하기만을 희망으로 여기며 세월을 보냈다. 복안 장
자도 대성을 공부시키라고 전답 몇 마지기를 주었는
데 그것이 그들의 전 재산이었다.

어느 날 경주성 내 흥륜사(興輪寺)에서 점개(漸開)
라는 스님이 흥륜사를 중수하기 위하여 권선을 하는
데 이 복안가에 와서도 동참해 달라고 하였다. 복안
장자는 즉석에서 쌀 50섬을 불사에 시주하였다. 시주
를 받은 점개 스님은 목탁을 치면서 덕담(德談) 염불
을 하였다.

"단월(檀越) 시주가 보시하기를 좋아하면 하나를
베풀고 만 배를 얻으며 제천 선신이 항상 옹호하며
수명 장수하리라."

마침 옆에 있던 대성이 이 축원 염불을 듣고는 비록
가난은 하나 마음이 저절로 끌리어 스님께 여쭈었다.

"스님! 시주가 적어도 됩니까?"

"아무리 적어도 보시하고자 하는 마음이 문제지요."

그러면서 스님께서는,

"공덕을 베풀면 생전에 만사가 뜻대로 성취되고,
명도 길어지고, 복락도 누리게 됩니다."
하였다.

이 말을 들은 대성이가 어머니에게 말하였다.

"어머니, 우리도 흥륜사 불사에 시주를 합시다. 생각해 본 즉 지금 우리가 이렇게 가난한 것도 전생에 닦은 복이 없기 때문인 듯합니다. 이제 또 보시를 아니하면 내생에는 이보다 더 가난할지 누가 알겠습니까?"

"하지만 우리 형편에 무엇을 가지고 시주를 한단 말이냐?"

"어머니! 우리가 가지고 있는 전답 몇 마지기를 시주합시다. 그리하여 후생복(後生福)이나 닦읍시다."

"그것은 네 공부할 밑천인데 그것을 시주하면 네 공부는 무엇으로 하느냐?"

"저는 주경야독을 해서라도 공부할 테니 만사가 뜻대로 성취된다는 불사에 시주하지 않고 무엇할 것입니까?"

갸륵한 대성의 말에 어머니도 기뻐하며 전답을 시주하기로 하니 점개 스님도 감격해 하면서 앞서와 같은 덕담 염불을 하여 주었다.

만사가 뜻대로 되고 복도 많고 명도 길기를 바라면서 시주한 지 얼마 안 되어 20세가 가까워 오는 혈기 왕성한 대성이가 우연한 병으로 덜컥 죽어 버렸다. 하늘처럼 믿으면서 살아왔던 대성이 어머니의 마음이야 얼마나 비통하였으랴! 대성이가 희망이었고 꿈이었거늘……

며칠 날 밤을 애통해 하며 울었으나 그 마음을 달랠

길이 없었다.

한편 대성이가 죽던 그날 밤, 서라벌에 있는 대신 (大臣) 김문량(金文梁)이란 사람의 꿈에 한 노인이 나타나서,

"모양리 김대성이가 너의 집에 태어날 것이다."
라는 말을 남기고는 사라져 버렸다. 이튿날 김문량은 이상한 생각에 하인을 시켜 모양리에 김대성이란 사람이 있는지 알아보라고 하였더니 김대성이란 사람이 어젯밤에 죽어서 아직 초상도 치르지 않고 있다 하였다.

그날로부터 김문량의 아내에게 태기가 있더니 신라 제32대 효소왕 8년에 옥동자를 낳았다. 그런데 태어난 갓난아기는 왼손을 꼭 쥐고 있다가 7일 만에 주먹을 펴는데 보니 손바닥에 대성(大城)이란 두 글자가 적혀 있었다.

이것을 본 김문량은 이 애는 확실히 모양리 김대성이 전생(轉生)하여 우리 집에 태어난 것이라고 확신하고 이름을 그대로 김대성이라고 하였다. 그리고 김문량은 모양리 김대성의 전생 어머니를 데려다가 함께 살았다. 이리하여 이생 어머니와 전생 어머니가 함께 대성이를 양육하였다.

장성한 대성이는 고관대작의 벼슬에 올라 불교에 깊은 신앙심을 가져 여러 가지 전세 숙인을 깨닫게 되었다.

대성이 늙어감에 따라 전생 어머니와 이생 부모가 차례로 세상을 떠남에 생각하기를 '부모의 은공을 갚는 길은 절을 지어드리는 것이 공덕 가운데 최상의 공덕이다' 하고 원력(願力)을 세운 뒤, 현세 부모를 위하여는 불국사(佛國寺)를 수축하고 다보탑과 석가탑을 조성하고, 전생 부모를 위해서는 석굴암(石窟庵)을 창건하여 불상을 조성하는 공덕을 지었으니 이것은 다 전생에 베푼 보시공덕으로 복락을 누린 것이며 후세에 길이 빛나는 업적을 남긴 것이다.

원님이 된 머슴

경상남도 산청군(山淸郡)에 심원사(深遠寺)라는 절이 있다.

심원사는 너무 오래되고 낡아서 비가 오면 빗물이 법당 안으로 새어 들어와서 주지인 지경(志經) 스님은 이 절을 중수하고자 원(願)을 세워 백일기도를 하였다.

기도 회향 날 꿈에 부처님께서,

"네가 내일 동구 밖에서 맨 처음 만나는 사람에게 시주(施主)를 청하라."

하시었다.

이튿날 아침, 지경 스님은 아침 예불을 하고는 권선문을 들고 설레는 마음을 달래며 동구 밖에서 서성거렸다. 그런데 맨 처음 나타난 사람은 윗마을 조부자 집에 사는 머슴 삼돌이가 아닌가?

'부처님도 무심하시지. 저 머슴이 무슨 돈이 있다고 시주를 부탁하란 말인가……?'

그만 맥이 탁 풀린 스님은 땅바닥에 털썩 주저앉아 버렸다.

이 모습을 본 머슴이 다가와,

"스님! 어디가 편찮으십니까?"
하며 부축해 일으켰다.

스님은 몇 번을 망설이다가 그래도 부처님께서 하신 말씀을 떠올리며 절을 중수하고자 하니 시주를 해달라고 부탁했더니 뜻밖에도 머슴은,

"절을 중수하려면 돈이 얼마나 드는지 모르지만 제가 그동안 장가가려고 모아 온 품삯을 드릴 테니 스님 보태어 절을 중수하십시오."
하면서 기꺼이 권선문에 백 냥이라고 써달라는 게 아닌가?

"아니 당신에게 어떻게 이처럼 큰 돈이 있을 수 있습니까?"

"예, 스님. 저는 조부자 집에서 삼십 여 년 간을 머슴으로 살아오면서 장가가려고 한푼도 안 쓰고 모았습니다만, 장가가는 것보다 더 뜻있는 일에 써야지요."

"고맙습니다. 부디 소원 성취하십시오."

지경 스님은 머슴 삼돌이의 마음에 감탄을 하며 몇 번이고 인사를 하였다.

며칠 후 머슴은 돈 백 냥을 가지고 심원사로 왔다. 머슴이 법당 안에 들어서자 언제나 근엄한 모습의 부처님께서 빙그레 웃고 계셨다.

"부처님! 저는 못 배운 게 한이올시다. 이렇게 남의 머슴으로 평생을 지내고 있습니다만, 부처님! 다

음 생에는 부디 저도 배워서 남의 머슴 신세만은 면하게 해주십시오."

머슴은 부처님전에 절을 하였다.

머슴 삼돌이가 평생을 모아 온 뼈아픈 그 돈을 시주했다는 이야기를 들은 동네사람들은 모두 다 미쳤다고 수군거리며 지경 스님이 꼬여서 돈을 뜯어냈다고 헛소문을 내고 다녔다.

모두들 욕을 하고 비방을 해도 절을 중수하는 일은 착오없이 진행되어 마침내 심원사는 비가 와도 걱정없이 지낼 수 있도록 훌륭하게 중수되었다. 하지만 모든 재산을 다 바친 머슴은 이제 돈조차 없어 장가를 갈 수가 없었다.

절이 중수된 지 한 해가 지날 무렵 그 머슴은 중풍이 들어 앓다가 앉은뱅이가 되어 버렸다. 머슴은 조부자 집에 살 수도 없었다. 사람들 등에 업혀 절에 들어오게 된 머슴을 스님은 정성껏 간호하였다. 시주한 공덕이 있으니 꼭 나으리라 믿으면서 머슴을 위해 백일기도를 시작했다. 그런데 백일기도도 마치기 전에 그는 우연히 눈이 멀더니 덜컥 죽어 버렸다. 허탈한 마음을 달래며 정성껏 화장하여 장례를 치르어 준 스님은 허망한 마음을 가눌 수가 없었다.

'이토록 부처님이 야속할 수 있단 말인가. 한푼 쓰지 않고 평생을 머슴살이하여 모아 온 그 돈을 부처

님께 시주한 공덕도 몰라주시다니……'

화가 난 스님은 도끼를 들고 법당에 들어가 영험도 없는 부처님을 한없이 원망하며 부처님 이마를 도끼로 내리쳤다. 그랬더니 도끼가 이마에 박혀 빠지지를 않았다. 온 힘을 기울여도 빠지지 않자 겁이 난 스님은 도끼를 그대로 놓아두고는 절을 떠나 버렸다.

바랑 하나 걸머지고 이산 저산 명산대찰(名山大刹)을 찾아다니며 공부하기 어언 이십오륙 년.

그 오랜 세월이 지났음에도 스님은 무심히 흘러가는 흰구름만 보아도, 봄이면 피는 노란 창포를 보아도, 안개비가 소리없이 내리는 것을 보아도 심원사를 생각하며 그 옛날을 그리워했다.

'지금쯤 심원사는 완전히 폐허가 되지나 않았는지? 지금쯤 심원사 법당 앞뜰에는 창포가 만발하겠지. 지금쯤 누군가가 들어와 도끼를 빼고 부처님 시봉을 하고 있겠지……'

이 생각 저 생각하다가 어느 날은 심원사 부처님을 뵙고 와야겠다고 생각하며 절을 찾아갔다.

그런데 그날, 산청군에 새로 부임한 박영제(朴永劑)라는 원님이 심원사에 대한 이야기를 듣고는,

"그럴 리가 있느냐. 내가 가서 한번 빼보리라."
하며 이방과 몇 명 권속들을 데리고 절을 찾아왔다.

원님이 심원사에 오신다는 소문에 온 동네사람들이

절로 모여들었다. 원님이 심원사에 와서 보니 과연 듣던 이야기대로 부처님의 이마에는 도끼가 박혀 있었다. 원님은,

"참 괴이한 일이로구나."

하며 손으로 부처님 이마의 도끼를 잡으니 쑥 빠지는데 '화주시주상봉'이라는 글자가 도끼날에 씌어 있었다.

그 글귀를 보는 순간 원님은 활연대오(豁然大悟)하였다.

그때야 원님은 전생의 자기를 볼 수가 있었다. 도끼를 뽑는 순간 구경꾼들 속에 있던 지경 스님은 원님 앞에 나아가 절을 하니 원님은 스님의 손을 잡으며,

"스님! 나는 전생에 스님의 덕택으로 시주한 공덕이 있어 일자무식으로서 삼세에 받을 업보를 한 생으로 끝마치고 금생에 좋은 곳에 태어나 이런 벼슬을 하게 되었구려."

하며 스님과 함께 부처님 앞에 나아가 한없이 절했다.

얼마 후 부처님을 쳐다보니 도끼가 빠져 이마에 난 상처는 깨끗이 없어지고 이마에서는 백호광명이 빛났다. 이것을 본 원님은,

"스님! 다른 곳으로 가지 말고 나와 함께 이곳에서 공부합시다."

하며 스님을 붙잡았다. 구경하던 마을사람들도 모두들 이제부터는 부처님을 정성껏 섬기기를 다짐하며

부처님께 절했다.

천심으로 시주한 공덕으로 한 생은 머슴살이로, 한 생은 앉은뱅이로, 한 생은 눈먼 장님으로 이렇게 삼생(三生)을 고통 속에 살아야 할 악업의 업보를 한 생으로 끝마쳤다 한다.

결자해지(結者解之)

옛날 송(宋)나라 서울 동성(東城) 밖에 왕소삼(王小三)이란 사람이 살았다. 그는 본래 집안이 가난하여 남의 집 품팔이를 해서 그날 그날의 생계를 이어나갔다. 그는 천성이 유순한 데다 근면 성실한 탓으로 차츰 집안이 나아져 여유있는 생활에 이르게 되었다.

본디 왕소삼은 부처님을 숭배하는 마음이 두터워 항상 마음속으로 부처님을 섬겨 왔으나, 집안이 빈천하여 뜻을 이루지 못하다가 생활의 안정을 이룩하자 그는 화공(畫工)을 불러 관세음보살의 존상을 그리도록 해서 정결한 곳에 모시고는 지성으로 공양을 올렸다. 그리고는 하루도 빠지지 않고 아침 저녁으로 소향예배(燒香禮拜)하기를 계속하였다.

이렇게 하기를 몇 해, 이웃 금(金)나라에서 군사를 일으켜 송(宋)나라 서울을 향해 물밀듯이 쳐들어오고 있었다. 서울 가까이 사는 모든 백성들이 난리를 피하기 위하여 모두 피난가는 통에 인근 마을은 텅 비어 있었다. 왕소삼은 형세를 좀더 두고 보아 피난할 생각으로 유예하였다. 그러나 금나라 군사가 가까이 다다랐다는 소문을 듣고 할 수 없이 피난을 가기 위해 밤

잠을 설치며 물건을 챙겼다. 내일 날이 밝으면 일찌감치 피난가려는 생각이었다.

삼경(三更)이 지났을 즈음, 왕소삼은 졸음이 와서 자신도 모르는 사이 깜빡 잠이 들었다. 정신이 몽롱한 가운데 백의(白衣)를 입은 관세음보살이 손에 버들가지를 들고 나타나 왕소삼에게 말했다.

"너는 듣거라. 너는 전생(前生)에 군으로서 싸움하다가 너의 한칼로 파수 보는 군졸 하나를 죽인 일이 있느니라. 너는 이생에서 이 땅에 태어났고, 너에게 죽음을 당한 그 파수병은 역시 인간으로 환생하여 금나라에 태어나 장수가 되었는 바, 그는 지금 금나라 군사를 거느리고 송나라를 침략해 오고 있는데 내일 오시(午時)에 이곳을 지나가게 된다. 그는 너를 만나면 곧 죽여서 전생에 맺은 원수를 갚게 된다. 네가 비록 그를 피하여 멀리 도망갈지라도 결국은 그에게 잡혀 죽음을 면치 못하리니 이것이 안타까운 일이로구나. 그런데 네가 지성으로 나를 공양하였고, 또한 네 마음이 착하여 모든 중생(衆生)을 자비로 대하는 부처님의 거룩한 뜻을 저버리지 않고 소, 개 등 짐승일지라도 죽이지 않은 공덕을 생각해서 내 너를 특별히 액을 면해주고자 찾아왔으니, 내 말을 명심하여 듣고 행하여라.

내일 날이 밝거든 즉시 양고기 대여섯 근과 약간의

술을 준비하였다가 오시에 그가 여기에 당도하거든 쌀밥을 지어 함께 대접하고 정성들여 받들면 혹 죽음을 면할 수 있을 것이다. 그의 이름은 묵리(墨利)라고 하느니라.”

관세음보살님은 이 말을 마친 뒤, 손에 들고 있던 버들가지로 왕소삼을 후려쳤다. 그 바람에 깜짝 놀라 잠을 깨어 본 즉 꿈이었다.

‘아! 관세음보살님께서 나를 구해주러 오셨구나. 이 은혜는 이 목숨이 다하도록 잊지 않겠습니다. 그리고 보살핌의 가르침을 그대로 행하겠습니다.’

그는 뜬눈으로 밤을 지샌 뒤 이른 새벽에 길을 달려 술과 고기를 구해 와 고기를 굽고 반찬을 장만하여 준비를 끝낸 뒤, 뒷문을 잠그고 집 안에 홀로 앉아서 금나라 장수 묵리를 기다렸다. 드디어 말발굽 소리와 함께 묵리가 나타나더니 문 앞에서 말발굽 소리가 멈췄다. 그리고 우렁찬 목소리가 고함을 쳤다.

“여봐라! 문을 열어라.”

왕소삼은 이미 예기했던 터인지라 별로 놀랄 것도 없이 달려나가서 물었다.

“묵리 장군께서 오셨습니까?”

그러고는 급히 문을 열어주면서 말했다.

“장군께서는 어서 안으로 드십시오.”

왕소삼은 묵리를 안내하고는 준비해 놓은 술과 고

기를 가져왔다. 묵리는 그것을 보자 침을 꿀꺽 삼켰다. 금나라 군사들은 송나라 서울로 쳐들어오는 동안 닥치는 대로 노략질하여 백성들을 괴롭혀 왔다. 그것이 소문이 나 묵리는 여러 날 동안 지나는 마을마을마다 곡식이 텅텅 비어 있어 음식을 먹지 못하였던지라 상 위에 놓인 술과 고기를 보니 어찌 회가 동하지 않고 반갑지 아니하랴?

"장군님! 빨리 드십시오. 음식을 마련해 놓고 장군님을 기다렸습니다."

묵리는 대답할 겨를도 없이 양고기 한 점을 집어다가 입에 넣고는 술병을 들어 잔에 따라서 벌컥벌컥 마셨다. 왕소삼은 큰 그릇에다 술을 가득 부어 묵리에게 올렸다. 묵리는 그 술잔을 받아 단숨에 쭈욱 들이켰다. 왕소삼은 일어나 부엌으로 나가서는 곧 김이 무럭무럭 나는 쌀밥을 들고 와 묵리 앞에 놓았다.

"장군께서는 술일랑은 나중에 드시고 진지부터 드십시오."

묵리는 밥 한 그릇을 게눈 감추듯이 먹어치우고는 따라주는 술을 받아 마셨다.

"아, 잘 먹었다."

묵리는 어느 정도 배를 채우고 나자 기분조차도 상쾌하였다. 밤낮을 달려오면서 음식을 먹지 못해 배가 고프던 차에 맛있는 고기, 좋은 술, 좋은 반찬, 좋은

밥을 배불리 먹고 나니 천하에 부러울 것이 없는 듯
하였다.

그러나 좀 이상한 생각이 들어 왕소삼에게 물었다.

"나는 너를 본 적이 없는데 너는 어떻게 나의 이름
을 알고 있으며, 또 다른 사람들은 모두 도망을 가서
집집마다 텅텅 비어 있는데 너는 어찌하여 도망가지
않았으며 혼자 남아서 이렇게 음식까지 준비하여 나
를 대접하느냐?"

"제가 장군님께 다 말씀드리겠습니다."

왕소삼은 무릎을 꿇고 앉아 차분히 대답했다.

어젯밤 꿈에 관세음보살님이 나타나 하신 말씀을
소상히 들려주고는 보살님의 지시에 따라 음식을 장
만하여 장군님을 기다렸고 지금 이렇게 전생에 지은
죄를 갚기 위해 처분을 기다린다고 말했다.

"그래서 저는 달아나지 않고 장군님을 기다렸으니
장군님께서 나머지 술과 고기를 마저 잡수신 뒤 저를
죽여 전생에 진 빚을 갚도록 해주십시오. 이것은 원수
와 원수를 서로 갚는 이치로서 그렇게 되면 제가 다
시 환생할 것입니다."

묵리는 왕소삼의 말을 듣고 잠시 무엇인가 생각하
고 있었다.

'저자가 전생에 나를 죽였다 해서 내가 또 저자를
죽이면 저자가 다시 태어나서 나를 죽이게 될 것이다.

이렇게 되면 저자와 나는 언제까지나 서로 죽고 죽이는 일을 되풀이할 것이니, 이 원한이 언제 청산될지 모른다. 이 세상에서는 나와 저자가 원수진 일이 없고 또 그가 정성들여 차린 음식을 배불리 얻어먹었으니 은혜를 입은 셈이 아닌가? 무엇 때문에 저자를 죽여서 다시 원수를 맺는단 말인가?'

여기까지 생각한 그가 말했다.

"너 듣거라. 우리는 지금 너희 나라에 재물을 약탈하고자 들어온 것이지 너에게 원수 갚으려고 온 것이 아니다. 설사 전생에서 너와 원수졌다 하더라도 전생은 이미 끝났고, 금생에 와서 나와 네가 원한이 없는 바에야 내 어찌 너를 죽여 괴롭게 만들겠느냐? 속담에 결자해지(結者解之)라 하였는데 내가 먼저 원수진 것을 풀겠다. 내가 이미 너의 정성어린 음식을 먹어 창자를 채웠는데 마땅히 보상을 해야 하지 않겠느냐?"

묵리는 허리춤에서 조그마한 기(旗) 하나를 꺼내어 왕소삼에게 건네주면서 다시 말했다.

"네가 이 기를 대문 위에 꽂아두면 우리 나라 군사가 보고 감히 침입을 못할 것이며, 또 이 기를 들고 길을 걸으면 무사할 것이니 이것이나 받아라. 내 고마움의 표시이니라."

묵리는 왕소삼에게 기를 건네고 바쁜 듯이 문을 열고 나갔다.

"아! 관세음보살님이시여!"

왕소삼은 즉시 관세음보살상 앞에 나아가 소향재배하고 살려주신 은혜에 감사드렸다.

그 뒤 왕소삼은 아무런 탈없이 90여 세까지 편안히 살다 세상을 떠났다고 한다.

삼계(三界)는 고해와 같은 것, 부처님의 눈으로 보시면 사람의 한 생애는 거품과 같고 부귀영화도 뜬구름과 같이 허무한 것이요, 원한도 애정도 찰나간에 변환(變換)하는 것이매, 이 세상에 태어나 남과 원수를 맺지 말지어다.

사람은 인연으로 모이고 인연으로 흩어지는 법이니……

합아(鴿兒)의 전생

당나라 정관 말, 진명(眞明)이라는 스님이 있었는데 자비롭고 인자하여 언제나 중생제도를 게을리 하지 않으면서도 즐겨 금강경(金剛經)을 독송했다.

그날도 어김없이 금강경을 읽고 있는데 어미 잃은 비둘기 새끼 두 마리가 방 안으로 들어오는지라, 스님은 잡아 부드러운 둥우리에 넣어두고는 죽을 쑤어 먹여 길렀다. 그런데 이들은 스님이 경을 읽을 때는 지저귀는 소리도 그치고 가만히 독경소리를 듣고 있는 것이었다.

기특하게 여긴 스님은,

"어서 빨리 날개가 나서 자유롭게 나는 법을 배우거라."

하며 어루만져 주었다.

그런데 얼마 후 이 새들은 하늘로 날아가려다 그만 땅에 떨어져 죽어 버렸다. 불쌍히 여긴 스님은 이 새들을 땅에 묻어주고는 경을 읽어주었다.

하루는 스님의 꿈에 어린아이들이 들어와서,

"스님! 저희들은 옛날 스님께서 길러주신 비둘기입니다. 스님께서 경을 읽어주신 공덕으로 인도 환생하

여 여기서부터 동쪽으로 십 리쯤 떨어진 곳인 호(胡)
씨 집에 태어났습니다."
하고는 사라졌다.

스님은 꿈이 하도 역력하여 얼마 후 그 집을 찾아
가 보았더니 과연 쌍둥이가 있었는데 이름을 합아(鴿
兒)라고 불렀다.

이유를 물은 즉,

"비둘기 두 마리가 품안으로 들어온 꿈을 꾸고 난
후, 이 아이들을 가졌기 때문입니다."
하였다.

그런데 이 아이들은 전에 스님을 본 적이 있었던
것처럼 여간 따르는 게 아니었다.

유조창의 전생

옛날 유조창(劉兆昌)이란 사람이 있었는데 그는 기이하게도 자신의 세 차례 전생을 기억하고 있었다.

그는 처음에 사람으로 태어났으나 게을러 놀기를 좋아하여 틈만 나면 여색을 탐하고 술과 도박을 즐겼다. 인간으로 태어나 허구한 날 빈둥빈둥 놀면서 세월을 보내다가 예순두 살에 죽었다. 영혼이 육신을 벗어나자 곧 유조창은 염라대왕을 상면하게 되었다.

그는 염라대왕은 매우 무섭게 생겼으리라 생각하였다. 그런데 막상 만나보니 생각과는 달리 위엄은 있게 생겼으나 무섭지는 않게 느껴져 마음을 어느 정도 놓았다.

"네가 유조창이냐?"

"네."

"너는 전생에 인간으로 태어나 주색에 빠져 허구한 날 놀고 먹으며 인간의 도리를 하지 않았으니 장차 너를 말로 변신시켜 보낼 테니 그리 알아라. 여봐라! 이놈을 당장 말로 만들어 쫓아버려라."

엄한 명령이 떨어지기가 무섭게 귀졸들이 우르르 몰려들어 유조창을 이러저리 매만지더니 짐승의 세계로 내던져 버렸다.

"엄마! 우리 말이 새끼를 낳았어."

어디선가 아이의 외침이 가느다랗게 들려왔다.

온몸에 싸늘한 바람의 촉감을 느끼는 순간 히히히힝! 하며 그의 입에서는 그 자신도 모르는 사이 사람의 울음이 아닌 망아지의 울음소리가 터져 나왔다.

유조창, 그는 비로소 자신이 사람이 아닌 말로 태어났음을 알았다. 눈을 떠 주위를 살펴보니 마굿간 안의 짚더미 위에 누워 있었고, 방금 그 말을 낳은 어미 말이 탈진 상태로 축 늘어진 채 자기 옆에 누워 있었다.

그는 배가 고팠다. 생각해 보니 염라대왕 앞에 끌려간 뒤로 지금까지 아무것도 먹지 않았다. 인간으로 있을 때는 놀고 먹는 것밖에 몰랐는데, 그 먹는 것을 지금까지 쭉 굶었으니 배가 고플 만도 했다. 배가 고픈 그는 어미 말의 젖꼭지를 보는 순간 말의 본능이 살아나 그 젖꼭지를 입에 물고 하염없이 빨았다. 배가 고픈 참이라 달기가 꿀맛 같았고 그토록이나 맛이 있을 수가 없었다.

어느 정도 배에 포만감이 채워지자 그는 인간이라는 의식이 살아나고 그 젖꼭지를 빨아 배를 채웠다는 수치심과 굴욕감이 치밀어 올라 견딜 수가 없었다.

'맙소사. 사람인 내가 말 젖을 먹다니! 이럴 수가 있는 것일까? 이게 무슨 꼴이람!'

짐승이 되어 버린 자신의 기막힌 운명이 저주스러
웠다.

'아! 이럴 줄 알았다면 인간으로 있을 때 착한 일을
하고 착실하게 살 걸…….'

그는 온갖 후회를 했으나 이미 늦은 일이었다.

그래도 망아지였을 때는 행복했다. 어미 말의 젖도
빨고, 푸른 들판을 뛰놀며 마음껏 풀을 뜯어먹을 수
도, 맑은 시냇가의 물도 마음껏 들이킬 수가 있었고
잠자고 싶을 때 들녘에 누워 잘 수도 있었기에…….

얼마쯤 지나자 어미 말과 떨어지게 되었지만 형체
만 어미 말 뱃속을 빌려서 태어났을 뿐 그 자신은 본
디 인간이었기에, 말하자면 형체는 말이되 영혼은 인
간이었기에 그 어미 말과 별로 정이 없어 슬픈 줄도
모르고 이별을 했다. 그 자신 어느 한 순간도 자신이
인간임을 잊지 못했다. 그렇기 때문에 다른 말과는 달
리 판이하게 영리하여 많은 사람들에게 사랑을 받으
면서 어느덧 그도 성숙한 한 마리의 말이 되었다.

그러던 어느 날, 그는 어느 장군의 눈에 들어 그에
게 팔려가 장군을 태우고 다니게 되었다. 그 장군은
그를 무척이나 아끼고 귀여워하여 언제나 몸을 깨끗
이 다듬어 주었고, 먹이도 풍족히 주었다.

어느 해인가. 장군은 그를 타고 도적 토벌을 나가
게 되었는데 그만 적의 기습을 받아 허무하게 전사하

고 말았다. 장군의 죽음에 눈앞이 캄캄해진 그는 하염
없이 울었다. 그만큼 그는 장군과 깊은 정이 들었다.
주인을 잃은 그는 장군의 부하 한 사람에게 이끌려
집으로 돌아왔다. 장군을 섬기던 부하는 상관이 죽자
생계가 막연해 유조창 그에게 짐수레를 끌도록 했다.
비록 힘든 일을 시키기는 했어도 그런대로 비교적 잘
대해주었다.

　그러나 몇 해 안 가서 그 장군 부하마저 병석에 눕
더니만 덜컥 죽어 버렸다. 소문에 의하면 그 장군 부
하에게는 건달 동생이 한 명 있었는데 그 건달 동생
과 그의 아내가 눈이 맞아 서로 짜고 그 형을 죽였을
것이라고 했다. 유조창 역시 그 말을 듣고 보니 몇 번
마굿간 옆에서 그들이 만나 뭔가 속삭이는 것을 본
적이 있었다. 그 불의한 사람들을 기회를 보아 입으로
물거나 발로 차서 죽여 버릴까 생각도 해봤으나 말인
주제에 의리를 찾은들 무엇하겠느냐는 자격지심에 그
만둬 버렸다.

　동생에게 가 살게 된 유조창은 전의 주인들과는 달
리 말할 수 없는 혹사를 당했다. 장군이나 장군의 부
하가 타고 다닐 때에는 부드러운 안장을 얹어주었고
늘 쓰다듬어 주었으며, 영리한 그가 알아서 이리저리
달렸으므로 함부로 채찍질도 하지 않았다. 그러나 지
금 동생은 유조창을 사정없이 부려먹었다. 안장은커

넝 뱃대끈도 달아주지 않은 채 올라와 양쪽 옆구리를 두 발로 마구 차서 배가 아파 견딜 수가 없었다.

거기다가 짐을 가득 실은 수레를 끌게 하여 하루하루가 지옥과도 같은 나날이었다. 하기야 인륜을 저버리는 사람이니 짐승인 말을 아낄 리가 있겠는가. 유조창은 지금의 이 생활이 고달플수록 지난날 자기를 아껴주던 장군의 모습이 떠올라 자기도 모르는 사이에 눈물이 주르륵 흐르곤 했다. 그 옛날 장군을 몸 위에 싣고 씩씩하게 싸움터를 치달리던 그의 위용도 이젠 진흙 속에 떨어지고 말았다.

어느날 유조창은 그 동생의 발길질과 채찍에 견디다 못해 반항을 했다. 다른 날보다 더 많은 짐을 싣고 거기다가 가파른 고갯길을 올라가라고 채찍질을 하길래 그는 네 발로 땅을 꽉 밟고는 꼼짝도 하지 않고 버티었다. 주인이 목이 빠져라 고함을 치며 고삐를 잡고 채찍질을 가했지만 그는 '죽일 테면 죽여라. 어차피 말로 태어나 살고 싶지도 않은 세상, 나 역시 살고 싶지 않다' 하며 이를 악물고 반항했다.

화가 머리끝까지 오른 주인은 굵직한 몽둥이를 하나 구해 와서는 사정없이 내리쳤다. 엉덩이며 등이며 배며 닥치는 대로 갈겼다. 나중에는 머리통을 때렸다. 그래도 유조창은 고집을 부리며 버텼다. 매에 못 이겨 여기서 굴복한다는 것은 비록 말의 형태를 한 그였지만

'나도 인간이었는데' 하는 자존심이 허락하지 않았다.

꼼짝도 않고 버티어 섰는 말을 본 주인은 있는 힘껏 몽둥이를 내리쳤다.

"요놈의 말, 내가 골통을 부숴 버리겠다."

"히히히힝!"

유조창은 외마디 비명을 지르며 그대로 정신을 잃고 쓰러졌다.

얼마가 지난 후 그는 눈을 떴다. 그는 또다시 자신이 염라대왕 앞에 있음을 깨닫게 되었다.

염라대왕은 그를 향하여 물었다.

"유조창! 너는 어떻게 이렇게 빨리 돌아왔느냐?"

"……."

"고얀 놈이로고. 너는 아직 받아야 할 벌이 남았어. 그런데도 용케 빠져 나왔군."

"저는 주인의 매를 심하게 맞고 죽었을 뿐입니다."

"무엇이 어째? 말인 주제에 감히 주인의 명령을 어기다니……. 아무리 견디기가 어려워도 너에게는 말로서 정해진 명(命)이 있다. 그런데 말로 살기 싫다고 하여 죽음을 자초하여 네 멋대로 반항하여 일찍 돌아오다니 용서 못할 놈이로다. 이제 네 말가죽을 벗기고 말보다 한 등 낮은 짐승으로 떨어뜨릴 터이니 이번에는 성실하게 살아가는 법을 배워 참고 힘껏 노력해서 네 명을 다 채워 돌아오너라. 여봐라! 이 놈을 당장 개로 만들어라.”

명령이 떨어지자 우르르 귀졸이 몰려와 유조창을 잡아 끌었다.

“대왕님! 이건 너무하지…….”

채 말도 끝맺기 전에 유조창은 또다시 개로 변해 가고 있었다. 발버둥을 쳤으나 이미…… 점점 의식은 몽롱해 오고 그의 입에서 흘러나오는 소리라는 게 이제는 캐갱캐갱 뿐이었다.

그 자신 놀라 정신을 차려 둘러보니 어느 다리 밑에 들개의 새끼로 방금 태어난 신세가 되어 있었다.

‘아! 인간이었던 내가 들개의 새끼라니…… 이럴 수가 있단 말인가? 주인 없는 들개라면 남의 집 쓰레기통이나 뒤져 먹고…….(인간이었을 때 숱하게 거리에서 보아 온 모습들이 아닌가?)’

그로부터 들개가 된 유조창은 참혹한 나날을 보내게 되었다. 먹을 것을 구하기 위해 온갖 더러움과 설움을 겪어야 했다. 언젠가는 시장의 반찬가게에서 생선 도막을 훔쳐먹으려다 주인에게 몽둥이로 사정없이 맞기도 하고, 배가 고파 길가의 똥을 주워먹다가 짓궂은 동네 아이들의 놀이감이 되어 발길에 채이기도 하였다. 그래도 날이 따뜻할 때는 배고픔도 견딜 수가 있었으나 추운 겨울에는 배가 고프면 몸이 덜덜 떨려 견딜 수가 없었다.

‘아아, 이 배고픔을 언제나 면하나…….’

이제 유조창은 나도 한때는 인간이었다는 생각보다는 지금 개로서 배를 충분히 채울 수 있다면 하는 생각뿐이었다.

지금은 인간이었다는 자존심 때문에 죽음까지도 택했던 유조창이 아니었다. 전날의 패기는 간 곳이 없고 오직 추위에 떨며 주린 배를 채우기 위해 부지런히 먹을 것을 찾아 헤맬 뿐이었다. 추위에 떨며 얼마를 찾아 헤매도 먹을 것이라곤 보이지 않았다.

그때 그의 눈앞에 김이 무럭무럭 나며 구수한 냄새를 풍기면서 그를 유혹하고 있는 황금빛 무더기.

‘아! 먹고 싶다.’

황급히 달려드는 그를 붙잡는 인간이었다는 의식.

‘아! 인간이었던 내가 인간의 뱃속에서 나온 똥을 맛있다고 먹어야만 하다니……. 참아야지, 참아야지.’

그러나 그 생각도 잠깐, 그는 배고픔을 참지 못하고 달려들어 똥을 먹기 시작했다. 한 점 남김도 없이 모조리 핥아먹고 보니 어느 정도 배가 불러왔다.

배가 불러오니 이제 굴욕감 때문에 죽고 싶었다.

‘다음부터는 아무리 배가 고파도 똥만은 먹지 않으리라. 나의 몸은 비록 들개일지라도 나에게는 인간이라는 긍지가 있지 않은가? 인간이었다는…….’

하지만 그런 결심은 며칠 못 가 무너지기 일쑤였

다. 마음으로는 먹지 않아야겠다고 다짐했지만 마음보다는 행동이 앞서 버렸다.

이렇게 한번 두번 되풀이되는 사이 이제는 굴욕감도 사라지고 닥치는 대로 먹어 치우는 들개가 되어 버렸다.

'아아, 이렇게 나는 들개가 되고 말았구나. 이렇게⋯⋯.'

탄식을 해 보았으나 이미 들개의 습성이 배어버린 그는 오히려 살아가기가 훨씬 수월했다. 개라는 생활 환경에 익숙해져 버린 것이다. 이제는 길가의 아이들에게 몽둥이로 얻어맞아도, 돌멩이로 얻어맞아도 굶지만 않고 배만 채울 수가 있다면 하는 생각에 어떤 굴욕도 참고 쓰레기통을 뒤질 뿐이었다.

어느 날 그가 강아지로 태어났던 다리 옆을 지나치다가 그를 부르는 거지를 만났다.

"워리 워리!"

다리목 양지바른 곳에 앉아 이를 잡던 거지는 그를 불렀다.

"멍멍."

거지 주제에 자기를 부르는 게 아니꼽고 못마땅해서 유조창은 반항하는 뜻으로 짖어댔다.

"워리! 워리! 보아하니 주인 없는 들개의 신세 같은데 오늘부터 나하고 지내자."

"멍멍."

그는 싫다는 뜻을 분명히 했지만,

"자, 맛있는 것 줄게."

하며 거지는 옆에 있는 보퉁이에서 하얀 주먹밥을 꺼내주는 게 아닌가. 그만 그 흰밥 덩어리를 보는 순간, 그는 앞뒤 생각할 겨를도 없이 대뜸 받아먹었다. 입안에 들어가자마자 스르르 녹는 맛, 꿀맛보다 더 달았다. 얼마만에 먹어 보는 흰밥인가? 인간이었을 때 먹어 보고 난 후 처음 맛보는 이 밥맛! 유조창은 이 밥맛 때문에 그 거지 곁을 떠나지 않았다. 아니 떠날 수가 없었다. 이제는 그 거지의 충복이 되어 그가 시키는 대로 매일 목에 동냥 바구니를 걸고는 그의 뒤를 따르면서 오가는 사람들이 던져주는 동전을 받아 넣는 심부름꾼이 되어 버렸다.

앞서가는 거지는 만나는 사람마다 "한 푼 줍쇼! 한 푼 줍쇼!"를 외쳐대고, 그 뒤를 따르는 유조창은 흰밥 덩어리를 먹기 위해 거지를 놓칠세라 부지런히 거지 뒤를 따라다녔다. 인간으로 있을 때 유조창은 거지들을 가장 경멸했었다. 게으르고 더럽고 못생기고 자존심 없는 인간들만이 거지가 된다고 욕을 했었다. 그러던 그가 이제는 거지의 종이 된 것이다.

지금은 비록 개의 몸이지만 그래도 본래는 인간이었기에 흰밥 한 덩어리에 지조를 팔아 거지의 종이 된 자신이 부끄럽고 서러워서 언제나 거지의 뒤를 따를 땐 고개를 숙이고 다녔다. 그러나 사람들은 고개를 숙이고 다니는 그가 동냥을 구걸하는 것이라 여겨 더 동냥을 잘 주었다. 낮에는 동냥을 나가고, 해가 저물면 다리 밑으로 돌아와 밤을 지냈다. 비록 거지의 종이 된 신세였지만 동냥이 잘되었으므로 옛날처럼 쓰레기통을 뒤질 필요도, 거리의 똥을 주워먹을 필요도 없이 충분히 배를 채울 수 있게 되었다. 이대로만 지속된다면 염라대왕이 말한 개로서의 정해진 명(命)을 순탄하게 마칠 수도 있을 것 같았다.

그런데 뜻하지 않은 불행한 사건이 터지고 말았다. 굶주림에 허덕일 때에는 오직 먹을 것을 찾기에만 급급했기에 이런저런 생각없이 날들을 보냈지만, 이제 거지를 만난 덕분에 매일매일 기름진 쌀밥에 생선 도막을 먹다 보니 엉뚱한 생각이 그를 괴롭히기 시작했다. 동네 반찬가게에 있는 살이 토실토실하고 몸매가 매끄럽게 잘 빠진 암캐 얼룩이를 보면, 그 얼룩이를 보는 순간 사모의 정이 일어나 견딜 수가 없었다.

얼룩이는 가끔 유조창이 있는 다리 위를 오갔다. 그렇게 먼빛으로 그 암캐를 사모만 하다가 이제는 밤이 되면 잠을 잘 수가 없을 지경이 되었다. 보름달이 휘영청 밝은 밤, 그 암캐 얼룩이가 떠올라 잠을 이루지 못해 뒤척이다가 '내일은 만나거든 용기를 내어 말을 해야지' 하면서 그날 밤을 꼬박 새우고 말았다.

햇살이 유난히도 눈부신 아침, 그날따라 공교롭게도 그 얼룩이가 일찍 다리 위를 지나가고 있었다.

그는 급히 뛰어나갔다.

"멍멍!(잠깐만!)"

얼룩이를 불러 세웠다. 얼룩이는 힐끗 뒤돌아보더니 짖어댔다.

"멍멍!(왜 불러!)"

들개 주제에 자기를 부르는 것이 심히 아니꼽다는 듯이 눈을 흘기고는 그대로 달아나 버렸다.

'다 같은 개 주제에 차별을 하다니…….'

유조창은 심한 모욕감을 느끼며 오기가 나서 얼룩이를 추격했다. 얼룩이는 있는 힘을 다해 달렸지만 유조창은 그보다 더 빨랐다. 동네 가운데에 이르렀을 때에 얼룩이는 그에게 잡히고 말았다.

"멍멍!(창피하다, 놓아라!) 멍멍!(검둥아, 이 들개를 쫓아버려!)"

얼룩이가 짖어대자 갑자기 어디서 나타났는지 유조창보다 훨씬 몸이 크고 사나워 보이는 검정색 수캐 한 마리가 달려오더니 이유불문하고 그의 목덜미를 물고 늘어지는 게 아닌가. 그는 혼비백산하여 걸음아 날 살려라 하고 뛰었다. 검둥이에게 목이 물린 채로 달아났으므로 목의 살점이 떨어져 나가고 목에서는 피가 철철 흘렀다. 얼마나 달렸는지 정신없이 도망치다가 보니 눈앞으로 시퍼런 강물이 흐르고 있었다.

강가에 이르러서야 위기를 면한 것을 깨닫고 숨을 좀 진정시켰다.

어느 정도 진정이 되고 보니 신세가 처량해 설움이 복받쳤다.

'아! 이것이 무슨 꼴이람. 다 같은 개 신분에 그토록 괄시를 받다니. 개로 태어난 것만도 억울한데…… 창피해서 못 살겠다. 에라, 더러운 세상. 더 살아 무엇하리…….'

유조창은 복받치는 설움을 억누르지 못하고 그만 강물로 뛰어들고 말았다.

"땅! 땅! 땅!"

책상을 치는 소리에 놀라 정신을 차려보니 그는 또다시 염라대왕 앞에서 세 번째 심판을 받게 되었다.

염라대왕은 이번에도 유조창에게 호통을 쳤다.

"네 이 놈! 몇 번이나 타일러야 알아듣겠느냐? 개로서의 너의 명이 다하지 않았는데도 명령을 어기고 되돌아왔느냐?"

"대왕님, 제 말을 좀 들어주십시오. 개의 생활이 견디기 어려워서 돌아온 것이 아닙니다. 순간적으로 물에 뛰어들었지 죽을 생각은 아니었습니다."

"이 놈! 듣기 싫다. 그러다간 너는 몇 백 번 짐승으

로 태어나도 죄를 다 못 벗겠구나. 너는 개가 된 것이
싫어서 네 멋대로 목숨을 버리고 온 것이렷다. 건방지
게 어디 감히 개로서 자살을 하다니……. 자살도 순
명(順命)에 어긋나는 불순한 큰 죄라는 것을 몰랐단
말이냐? 세상에 살고 싶지 않은 사람은 너뿐만이 아
니다. 그래도 제 명을 순순히 받아들여 참으며 살아간
다. 그것이 바로 하늘의 뜻을 섬기는 일이거늘, 너 같
은 놈은 더욱더 삶의 고통을 맛보게 해줘야 한다. 그
렇지 않으면 쓸모 있는 인간이 될 수 없다. 여봐라!
이 놈을 끌어다가 가죽을 벗겨 개보다도 한 급 더 낮
추어 기어다니도록 해서 쫓아버려라.”

　엄한 명령이 떨어지자 그는 또다시 어디론가 굴러
떨어졌다. 정신을 차려보니 유조창이 있는 곳은 캄캄
한 굴 속이었다. 그 굴 속에서 얼마나 지났을까? 겨우
개로 있었던 전생의 일이 어렴풋이 떠오를 뿐 이제는
인간에의 기억은 희미해졌다. 눈은 떴으나 아무것도
보이지 않고 그저 자기 몸이 길게 누워 있다는 느낌
뿐이었다. 몸을 움직여 보니 팔·다리도 없는지 도대
체 움직임이 느껴지지 않았다. 다만 배가 닿는 곳에서
흙의 바스락거리는 소리만이 들려왔다.

　‘도대체 여기가 어디인가? 나는 어떤 형태로 있는
것일까? 지금이 여름인가? 겨울인가? 낮인가? 밤인
가?’

모든 것을 분간하기가 어려웠다.

그런데 배가 고프다는 느낌만은 느낄 수가 있었다. 무엇이든 먹어야겠다는 생각이 들었다. 그는 몸을 조금씩 움직여 위로 기어 올라가기 시작했다.

얼마쯤 올라가니 무언가 머리에 걸리는 것이 느껴지기에 그것을 밀어붙이자 우수수 흙가루 같은 게 쏟아져 내리고 밝은 빛이 들어왔다. 빛을 향해 고개를 내밀었더니 빛에 눈이 부셔 눈을 뜰 수가 없었다. 얼마간 시간이 흐른 뒤 마음을 진정하고 서서히 몸을 움직여 보았다. 배 아래가 이상스레 우물거리는 것 같았으며, 그는 자기 몸이 꽤 길다는 것을 느꼈다.

한참을 움직인 뒤 천천히 머리를 들어 그는 자기의 전신을 보았다.

"앗! 뱀이다!"

처음에는 자신이 뱀인 줄 몰랐다. 자기 몸 위에 뱀이 붙어 있는 것으로 알았기에 그 뱀을 피하기 위해 필사적으로 도망을 쳤다. 그러나 뱀은 떨어질 줄을 몰랐다. 이상해서 다시 천천히 자기의 전신을 살펴본 뒤 비로소 자신이 뱀이 되었음을 알고 그는 그만 까무라치게 놀랐다.

'아~아! 이럴 수가 있단 말인가? 내가 그 징그러운 뱀이라니……'

이것 저것 생각할 필요도 없이 당장에 죽고만 싶었

다. 아무리 염라대왕의 벌이 무섭더라도 이보다 더 못한 짐승으로야 태어날까 보냐 싶어 자살을 기도하였으나 뱀으로서의 자살은 불가능했다.

유조창은 몇 번이나 자기 몸뚱이를 보고 기절했다가는 깨어나곤 했다. 스스로가 보아도 두렵고 징그러운 이 몸뚱이, 천벌받은 이 몸뚱이!

'아, 나는 장차 어찌해야 한단 말인가? 어떻게 살아야만이 이 뱀의 몸을 벗을 수가 있단 말인가?'

뱀이 된 지금의 이 신세에 비하면 말이나 개였을 때는 그런대로 행복한 것 같았다.

유조창은 하염없이 눈물을 흘렸다. 그 눈물은 땅으로 떨어졌고, 그의 몸이 눈물에 젖어 차가움을 느꼈다. 슬픔과 고독감이 가슴 아프게 그를 엄습해 왔다. 그는 미친 듯이 이리저리 기어다녔다. 처음에는 부자연스럽던 그의 몸이 차츰 가벼워지고, 움직임이 빨라지자 기분도 상쾌해지기 시작했고, 슬픔도 차츰 줄어들었다. 눈앞에 흐르는 냇물을 보아도 무섭지가 않아 뛰어드니 몸은 가볍게 떴다. 머리를 쳐들고 몸을 흔들자 몸은 쑥쑥 앞으로 나아가고 좌우 어느 방향이든 머리를 세우고 몸만 움직이면 자유자재로 떠돌아 다닐 수 있었다.

유조창은 차츰 뱀의 몸에, 뱀의 생활에 익숙해져 갔다. 인간이라는 입장에서 볼 때, 동물의 신세로 태어난 게 서글프고 불행해 보이는 법이지만 동물의 입장에서 볼 때는 자기들도 삶의 의미가 있고 삶의 재미가 있는 법이다. 그 동물 자체가 가지고 있는 특이한 체질을 이용하여 십분 발휘할 때의 그 기쁨! 오직 동물만이 느끼는 행복도 있는 것이다.

유조창, 그는 본래 영혼이 있는 인간이었기에 말이 된 슬픔을 느껴야 했고, 개가 된 슬픔을 가슴 깊이 느끼게 된 것이지, 애당초부터 동물로 태어났더라면 불행 따위는 느끼지 않았으리라. 동물로서 누리는 행복을 맛보며 만족하며 살았으리라.

어쨌든 이제 그는 분명 뱀이었다. 이제는 말이나 개에게는 없었던 새로운 생활을 해야 했다. 지난날의 체념 속에서 이제는 살아야 한다는 의식이 뚜렷해졌고, 그는 예전 인간과 맺었던 인간생활의 기억과 인간의 본능을 잊고 잔혹하고 무참한 뱀의 생활을 시작하여 생명을 이어가야만 했다. 닥치는 대로 먹이를 만나면 잡아먹어야 했다. 살기 위한 수단이었지만 팔딱팔딱 뛰며 죽지 않으려 몸부림치는 작은 생물들을 삼킬 때면 어렴풋이나마 인간의 본능이 되살아나 양심의 가책 같은 것을 느꼈다. 개구리는 뱀의 좋은 먹이였다. 개구리를 발견할 때마다 식욕을 느껴 닥치는 대로 잡아삼키곤 했다.

이렇게 살아가던 그에게도 마음에 변화가 왔다. 생

명 있는 것을 잡아먹는 그 생활에 뭔가 모를 회의가 느껴졌다. 이유를 알 수 없는 쓸쓸함에 사로잡히기도 했다. 그는 스르르 몸을 움직여 늘 다니던 논두렁으로 나갔다. 논두렁에는 개구리들이 많았다.

"개굴 개굴……."

뱀이 나타난 것도 모르는 채 개구리들은 평화롭게 노래를 불렀다. 개구리들의 노래를 한없이 듣고 싶어 그는 개구리들이 놀랄까 조심조심 다가갔다. 그러나 그만 개구리들에게 들키고 말았다.

"깨깩깩! 뱀이다! 도망치자!"

하지만 조그만 청개구리 한 마리는 그를 보고 놀라 가쁜 숨을 몰아쉬기만 할 뿐 움직이지를 못했다.

"잡아먹으러 온 게 아니란다. 놀라지 마라."

그는 자신의 뜻을 전하였지만 알아들을 리가 만무했다. 청개구리를 안심시키려 했지만 청개구리는 더욱더 놀라며 소리쳤다.

"깩깩! 뱀이다! 도망쳐라!"

그는 엉겁결에 그 놈의 입을 막으려고 달려가 붙들었다.

"깩! 깨액! 제발 살려줘요!"

청개구리는 이미 혼이 빠졌는지 기절해 버리고 말았다. 유조창은 그의 의사와는 전혀 반대로 어느새 그 청개구리를 삼키고 말았다. 개구리의 입을 막는다는 것이 잡아먹은 셈이었다. 그는 자신도 모르게 뱀의 본성을 나타낸 것이었다. 뱀이라는 몸뚱이를 갖고는 도저히 양심 따위는 지킬 수 없는 것일까? 잊어버린 인간의 마음이 되살아나며 견딜 수 없는 절망감에 사로잡혔다.

유조창은 힘없이 자기 집인 뱀굴을 향해 돌아왔다. 논두렁에서 청개구리를 삼킨 일을 마지막으로 그 뒤로는 일체 생물을 잡아먹지 않기로 결심했고, 또 그는 인간이 악을 저지르지 않고도 살아갈 수 있듯이 그것을 실천했다. 배가 고프면 산으로 기어가 나무 열매를 따 먹었으며, 그것조차도 없을 때면 풀을 뜯거나 이슬을 받아 마시면서 배고픔을 참았다. 새들이 낳은 알을 발견하여도 그것 역시 생물이라 먹지 않았다. 굶어서라도 죽고 싶은 마음 간절했지만 '자살도 죄가 된다. 주어진 명대로 살아야 한다'는 염라대왕의 말을 떠올리며 이를 악물고 인내하며 지냈다.

비록 먹을 것이 없어 말라 비틀어지더라도 이 생명이 다하는 날까지는 이렇게 살리라 마음먹었다.

'아아! 죄에 대한 벌이 이토록 무섭단 말인가? 인간으로 있을 때 남에게 크게 못할 짓을 한 적도 없었지만 다만 여색을 탐하고 돌아다니며 놀고 먹었다는 죄가 이렇게 삼생(三生)을 두고 벌을 받아야 할 만큼 크다니……'

그는 죄의 대가가 얼마나 참혹한 것인가를 뼈저리게 느꼈다.

해가 바뀌고 또다시 여름이 왔다. 유조창의 몸은 더욱 야위어 뼈만 앙상하게 남았다. 유난히도 뜨겁던 어느 한낮 그는 오늘도 생물이 아닌 먹이를 찾아 정처없이 들판을 찾아 헤맸다. 오랫동안 가뭄이 들어 풀은 시들고 땅은 바싹 말라붙었다. 조금만 바람이 불어도 뿌연 연기가 땅 위로 피어올라 다니기가 몹시도 불편했다.

그는 길 건너편 저쪽에 작은 냇물이 있음을 생각하고, 물 속에 뛰어들어 더위라도 잠시 식히고 싶은 욕망으로 그곳으로 향했다. 그곳으로 가자면 반드시 큰길을 가로질러 가야만 했다. 그가 큰길 가까이 이르렀을 때, 땅의 진동이 들려옴을 느낄 수 있었다. 항시 몸 전체를 땅에 붙이고 기어다니는 그로서는 먼 곳의 울림소리도 민감하게 느낄 수 있었다.

수레바퀴의 마찰로 인해 일어나는 진동임을 느끼고 몸을 빨리 움직였지만 마음뿐, 허기에 찬 그의 몸은 생각대로 움직여 주지를 않았다. 수레바퀴 소리가 점점 가깝게 들려왔다. 몸의 위험을 느껴 바삐 길을 건너가고자 큰길을 막 지나려는 순간 어느덧 수레바퀴의 삐그덕 소리가 그의 몸 바로 옆에서 들림과 동시에 "악!" 그의 외마디 비명과 함께 거대한 수레바퀴

는 그의 몸 중간을 지나갔다. 그는 머리와 꼬리가 양
쪽으로 떨어져 나가는 듯한 아픔을 느꼈다. 그리고 그
는 끝이었다. 그 후의 기억은 없었다.

얼마의 시간이 지나갔는지…….

그의 몸이 캄캄한 암흑의 세계에서 벗어났음을 깨
달을 수 있었다.

그와 동시에 유조창의 입에서는 아기의 울음소리가
터져 나왔다.

"응아 응아……."

그가 새로운 인간으로 태어났음을 알게 되었다. 그
저 응아! 응아! 하고 울 뿐이었다. 하지만 그는 이제
는 말도 개도 뱀도 아닌 인간으로 다시 태어났다는
사실만은 분명히 알 수 있었다. 그리하여 그는 이제
유조창이 아닌 한 인간으로서의 생을 시작하게 된 것
이었다.

인간의 죽음은 그것으로 끝이 아니다. 다시 다른
세상에 태어나는 윤회(輪廻).

인간 몸 받기가 이토록이나 어렵기에 옛 조사들은
인간 몸 받았을 때 이 몸을 제도하라 했거늘……. 내
가 지은 선업은 또다른 선업을 잇기에……. 그래서
예나 지금이나 좋은 곳에 태어나고 싶거든 공덕을 쌓
으라 하였다.

낭백 스님의 원(願)

조선조 말엽 동래 범어사에는 낭백(朗白)이라는 스님이 있었다. 스님은 계행이 청정하였으며 지나가는 행인은 물론이거니와 근처 금정산 주위의 가난한 사람들을 위하여 물심으로 많은 보시를 하였다.

당시 조선조 말엽에는 배불정책을 펼 때였다. 동래부사는 남달리 성격이 괴팍하여 관권을 이용하여 갖가지 잡역을 부과하고 자기 기분이 내키는 대로 스님들을 마구 혹사했다. 절에서도 할일이 태산 같은데 매일같이 출역으로 들볶이니 도무지 붙어 있을 수가 없어 절 유지조차 곤란한 형편이었다.

낭백 스님은 새벽 예불도 제대로 할 시간이 없어 스님들이 고달픔을 면할 수 있도록 노력해 봤으나 동래부사는 들은 척도 하지 않았다.

어느 날인가 낭백 스님은 부처님 앞에 나아가,

"부처님! 하루라도 빨리 이생을 마치고 내생에는 큰 벼슬에 올라 공부하는 스님들로 하여금 관권 구속과 혹사함이 없이 공부만 할 수 있도록 제가 보살피게 해주시옵소서……."

하며 간절한 기도를 드렸다.

그리고는 스님은 홀연히 절을 떠나 동구 밖 산비탈을 개간하여 오이와 감자·옥수수·고구마 등을 심어 배고픈 이를 위하여 보시하였다. 또 밤이면 짚신을 삼아서 발을 벗고 가는 행인들에게 보시하였으며, 날이 저문 후의 나그네를 위하여 오두막을 지어 머무르다 가게 하였다. 손수 밥을 지어 배고픔도 면하게 해주었다. 그리고 새벽이면 언제나 범어사를 향하여 부처님께 정성스런 기도를 올렸다. 이웃마을에서도 낭백 스님이 지나치면 모두들 합장하였으며 스님의 하시는 일을 도와주곤 하였다.

그럭저럭 몇 해가 지난 초가을 어느 날, 낭백 스님은 모든 것을 정리하여 가난한 사람에게 나누어 주고는 범어사로 올라갔다. 그날 밤을 법당에서 새우고 난 뒤 아침에 옛날 도반 스님을 만나서는,

"이제 이 몸은 범에게 보시를 하고 가기로 작정하였으니 내가 간 후 25년이 지나서 절의 잡역을 없애고 불사를 위해서 힘쓰는 관리가 있으면 그 사람이 나인 줄 알게."

하고는 그 길로 산으로 올라가 범에게 몸을 던져 보시하였다. 범이 먹다가 남은 시체는 며칠 후 나무꾼들에 의해서 발견되어 절에서 화장을 하였다. 그때 사리(舍利)와 영골(靈骨)이 나와 범어사에 모셨는데 지금도 탑에 모셔져 있다.

과연 세월이 흘러 조운이라는 사람이 경상도 순찰사로 새로 부임하여 각 군을 시찰하게 되었다. 순찰사가 동래군에 들렀을 때는 따뜻한 봄날이라 산천 경치가 좋다고 이름이 난 범어사를 찾게 되었다. 동구 밖에 이르렀을 때, 개간된 오이밭과 감자밭을 지날 때는 어쩐지 향수를 느꼈으며 절에 이르러서는 마치 고향에 돌아온 듯한 감격으로 금강계단(金剛戒壇)에 올라가 무수히 절하는 것이었다.

그리고는 어떤 스님을 통하여 절의 사정을 묻더니만 일체 스님들은 어떤 잡역도 면제케 해주며 많은 불사를 하기로 약속하였다. 범어사의 스님들은 하도 기이하여 순찰사에게 나이를 물으니 24세라고 하였다. 낭백 스님이 돌아가신 지도 어언 24년이 되며 오늘이 마침 제삿날이라고 하니 순찰사는 그제서야 자기의 전생이 낭백 스님임을 깨닫고 그 후부터는 평생을 통하여 많은 불사를 하였다.

일편단심

중국 당나라 때에 한 젊은 선비가 살았다.

나라에 전쟁이 일어나 젊은 사람은 모두 싸움터에 징발되어 갔으나 국력이 약하여 패전하고 끝내는 포로가 되어 본국으로 돌아갈 수도 없어 그 선비도 적국에 갇혀서 살게 되었다. 적국 땅에서 심한 노역(勞役)을 하며 그날 그날을 외롭게 보낸 지도 어느덧 세월이 흘러 3년이 지나갔다.

부모 형제와 처자는 어떻게 지내는지…… 보고픈 생각에 둥근 달을 쳐다보며 고향을 그리워하기가 몇 번이었던가? 언젠가는 부모 형제와 처자가 기다리는 고향으로 탈출하기로 결심하고 호시탐탐 그 기회만을 기다렸다.

어느 날 그는 탈출을 결행하여 산을 넘고 강을 건너 고향마을을 향해 며칠을 도보로 걸어가던 도중에 깨끗한 시냇가에 앉아서 고향을 생각하며 건너편 산 꼭대기를 쳐다보고 하염없이 앉아 있는데, 하얀 수건으로 머리를 덮어쓰고 설령(雪嶺)을 넘어오는 젊은 여자가 천사와도 같게 보였다. 차차 가까이 오는 것을 보니 꿈에도 그리워하던, 수천 리 고향에 두고 온 아

내가 창백한 얼굴을 하고 다가오고 있었다. 선비는 깜짝 놀라,

"아니, 당신이 아니오, 이게 웬일이오?"

하고 덥석 손목을 잡으니,

"당신이 그리워서 수천 리 먼 길을 찾아온 것입니다."

하고는 품안에 안겨 흐느껴 울었다.

그리워하던 아내를 부여안고 사나이도 함께 울다가 진정하고 고향 소식을 주고받았다. 부부는 어느 주막집에 방을 하나 정해 그동안 쌓이고 쌓인 회포를 푸느라 해 지고 날 새는 줄도 잊어버리고 사흘을 하루같이 보냈다. 사흘이 지난 후, 두 내외는 고향을 향해 발길을 재촉하고 있었는데 아내가 좀 쉬어 가자면서 말하였다.

"당신과 보낸 사흘은 정말 행복했습니다. 하지만 나는 이미 이 세상 사람이 아니랍니다. 나라는 적군의 손에 넘어가고 집안은 산산이 흩어지고 소첩 역시 적군에게 잡혀가다가 당신에게 향한 정절을 지키려고, 죽은 혼이라도 다시 당신을 만나 살겠다는 결심을 가지고 강물에 뛰어들어 자살을 하였답니다. 당신을 싸움터로 보내고 나서 하루도 빠짐없이 관세음보살에게 빌었습니다. 당신이 무사히 돌아오시기를……. 그러다가 이렇게 죽음을 당하니 불보살님의 가피로 정절

을 지킨 과보이었는지 다시 인간 세상에 태어나게 되
었습니다."

그러면서 아내는 내일은 중음(中陰)의 3년을 마치
고 부중(府中) 안에 있는 유우청이란 사람의 딸로 태
어나게 되었으니, 당신도 나를 버리지 않을 생각이라
면 3일 후 어느 때에 찾아오시면 나는 울고만 있다가
당신이 오면 울음을 그치고 웃겠다는 약속을 남겨두
고 홀연히 사라져 버렸다.

한편 아랫마을 유우청의 집에서는 기다리던 딸을
낳았건만 울음을 그치지 않고 계속해서 울기만 하니
불안한 생각마저 들었다.

선비는 이것이 참인가 거짓인가, 참으로 허망한 3
일을 보낸 후 유우청의 집에 찾아가니 과연 아기 울
음소리가 집 밖에까지 요란하게 들렸다.

선비가 유우청의 집에 들어가니 약속과 같이 울고
만 있던 갓난아이가 울음을 그치고 웃었다. 선비는 유
씨에게 전후사를 이야기하고 그 집의 양자가 되어 아
기가 16세 되던 해에 다시 만혼(晚婚)으로 부부가 되
어 즐겁게 살았다고 한다.

관세음보살을 지극히 믿고 공양하였던 그 공덕으로
윤회전생을 자유로이 하였으니 선업을 지으면 전생
(轉生)을 마음대로 할 수 있다는 예이다.

스승과 상좌의 전생보

　강원도 금강산에 영원암이란 절이 있다. 그 절 골
짜기를 영원동이라고 하는데 옛날 영원조사(靈源祖
師)가 여기서 입정수선(入定修禪)하였으므로 영원암
이라고 하는 것이다.

　영원조사는 본래 경주 사람으로 속성은 김씨인데
어려서 경상도 동래군 금정산(金井山) 범어사(梵魚
寺)에 명학(明學)이라는 스님을 찾아가서 머리를 깎
고 스님이 되었다.

　명학 스님은 사판승(事判僧)으로 절 방앗간 소임을
맡아보고, 또 사중의 전답 관리 책임자였는데 근면하
여 사중 재산도 많이 늘었지만 자기도 보수받는 것을
근검 저축하였다. 방앗간에서 벼를 찧고 쌀을 아껴,
땅에 떨어져서 사람의 발 밑에 밟힌 쌀을 줍고 하여
당대 천석을 추수하는 부자 스님이 되었던 것이다. 그
리하여 돈을 주고 이름뿐인 동지(同知)라는 벼슬을
사서 행세하였으므로 남들이 명학동지라고 불렀다.

　명학 스님은 학문과 지식은 없었으나 마음이 너그
럽고 인자하여 상좌가 많아서 백 여 명의 권속을 거
느리게 되었으므로 이 절 안에서는 큰 세력을 잡고

주관 노릇을 하였다.

그러나 영원상좌는 사판승으로 돈과 쌀을 모으고 살아가는 것이 옳게 여겨지지 아니해서 스님이 되었으면 발심하여 부처님의 근본 뜻을 알아야 된다는 생각을 가지고 운수납자(雲水衲子)가 되어 이름난 산과 도덕이 높은 선지식들을 참배하여 자기 수행을 점점 높여 나갔다.

그리하여 어느 해 여름, 하루는 홀로 금강산 영원암에서 선정에 들어 있는데 그곳 시왕봉 남혈봉(南穴峯) 밑에서 죄인 다스리는 소리가 천지를 진동하듯 울려 나왔다. 자세히 살펴보니 시왕봉 아래 염라대왕이 좌정하고, 판관녹사가 늘어서 있는데 지옥사자가,

"범어사 명학동지를 잡아들였소."

하고 명학동지를 끌어내어 꿇어앉히니 염라대왕이 문초하기 시작했다.

"네가 범어사에 살던 명학동지냐?"

"네, 그렇습니다. 제가 명학동지올습니다."

"너는 머리 깎고 스님이 되었으면 계행을 잘 지키고, 참선 공부나 염불 공부를 하여 도를 닦아야 할 것이거늘, 어찌하여 상구보리(上求菩提) 하화중생(下化衆生)을 하지 않고 재산만 탐내다가 죄를 지어 이런 곳으로 들어왔느냐?"

"저는 비록 공부는 하지 않았으나 죄를 지은 일은

없습니다."

"이 놈! 거짓말까지 하는구나. 스님이 되어 재물을 모으는 데 재미붙여 천석꾼 부자가 되었는데 죄가 없다니!"

"그것은 재물을 모으는 데 재미붙여 쓸 것 아니 쓰고 먹을 것 아니 먹고 모은 것이지 남을 괴롭히고 망하게 하여서 부자가 된 것이 아니옵기에 죄가 없다고 생각됩니다."

"너는 부처님께서 설하신 오계와 십계를 범한 죄인이니라.

첫째, 쌀 곳간의 쥐가 많다고 해서 고양이로 하여금 쥐를 잡아먹게 했으니 불살생(不殺生)을 범했고 둘째, 절 방앗간을 관리하며 쌀을 담다가 흘린 쌀을 모두 네가 차지하였으니 불투도(不偸盜)를 범했고 셋째, 남의 예쁜 여자를 보면 탐을 내고 술집 주모와 간음하였으니 불사음(不邪淫)을 범했고 넷째, 사중 건물 중수 때 시주받은 많은 금액을 제때에 안 쓰고 질질 끌며 때를 어겼으니 불망어(不忘語)를 범했고 다섯째, 곡차라고 하면서 술을 마셨으니 불음주(不飮酒)를 범했느니라. 이래도 죄인이 아니란 말이냐!"

그러면서 계속하기를,

"중의 신분으로 높고 넓은 평상에 앉지 말며 눕지도 말라 했거늘 너는 그것을 어겼고, 중은 비단옷을 입지 말고 몸을 꾸미지도 말라는 것을 어겼고, 또 스님은 노래하고 춤추지 말라 했는데 생일날·환갑날 속인과 더불어 춤추고 노래불렀으며, 또 스님은 금은전보(金銀錢寶) 등의 재산을 모으지 말라 했는데 너는 천석의 재산을 모았으며, 스님은 오후불식하라 했는데 너는 끼니때마다 먹고, 소·돼지 짐승들을 기르지 말라 했거늘 소작인에게 의뢰하여 기르고 팔아 돈벌이를 했으니 너는 오계와 십계를 모조리 파한 죄인이 아니더냐? 이 놈! 그래도 자백을 아니할 테냐! 여봐라, 업경대(業鏡臺)를 가져오너라. 업경대의 심판을 보여주자."

하면서 염라대왕이 업경대를 비추니 스크린에 나타나듯 명학동지의 그간의 모든 행적이 그림같이 나타났다.

이것을 본 명학동지,

"할말이 없습니다."

하며 머리를 숙였다.

"그러나 나는 네가 스님이었던 것을 참작하여 무서운 지옥으로 보내지 않고 금사망의 구렁이 탈을 씌워서 금사굴로 보내니 들어가서 한 천 년 엎드려서 반성하여라."

영원수좌 귀에 염라대왕의 소리가 쟁쟁하게 들렸다. 영원수좌가 가만히 생각해 보니 명학 스님이 평생에 수행은 하지 않고 탐욕만 부리더니 이 죄보를 받앗구나 하고 금사굴 앞에 가서 눈물을 흘리면서 신주(神呪)를 외웠다.

하루는 금사가 간 곳이 없었다. 놀란 영원수좌가 다시 정(定)에 들어 살펴보니 전생의 탐욕의 과보로 그 몸을 가지고 범어사 창고 가운데 누워 있는 것이 아닌가? 영원수좌는 불쌍한 우리 스님을 구제해야겠다 하고 명학동지의 49재 날을 짚어서 행장을 꾸려 범어사로 내려갔더니, 상좌 백 여 명이 모이고 본사 스님과 인근 각 절의 스님들 외에 전답 소작인들까지 수백 명이 모여 있었다.

다른 상좌들은 영원상좌를 보자,

"초상 때는 얼굴도 내밀지 않더니 49일이 지나면 재산분배가 있을 테니까 논마지기나 얻어볼 양으로 왔군……."

하고 빈정거렸다.

그러거나 말거나 영원수좌는 49재를 마치고 나서 멀겋게 죽을 쑤어 큰 그릇에 담아 손수 들고서 창고 문을 열어 제치니 쌀 섬과 돈 항아리 사이에 있던 큰 구렁이가 꿈틀거리며 기어나왔다.

영원수좌가,

"스님! 이 죽을 잡수시옵소서……."

하면서 다시 구렁이에게 말했다.

"스님! 스님께서는 생전에 재물에 탐욕만 부리고

삼보를 외면하고, 계행을 지키지 아니하고 인간에게 덕을 베풀지 않은 인과로 이런 보(報)를 받으셨습니다. 허나 이 법식을 받으시고 속히 해탈하여 금사망을 벗으소서."

큰 구렁이가 영원상좌의 법어(法語)를 듣고는 몸을 움직여 일주문 밖 돌층계에 머리를 짓찧어서 그만 죽어 버렸다.

그리하여 명학동지의 영혼은 영원상좌의 인도하에 금강산으로 돌아오는데 도중에 짐승들이 교미하는 것을 보면 거기로 들어가려고 했다. 그것을 영원상좌가 말려서 이끌고 강원도 삼척 고을에 이르렀는데 그날 밤 영혼은 촌부 전씨의 태중으로 들어갔다.

그 이튿날, 영원상좌가 전씨 부인을 찾아가,

"당신네가 열 달 지나면 귀동자를 낳을 것이니 이 아이가 7세가 되면 산에 들어가 도를 닦게 하시오. 그러면 7년 후에 다시 오리다."

하고 영원상좌는 다시 금강산 영원암에 가서 공부를 계속하였다.

7년 되던 해에 약속대로 전씨 집에 가서 어린애를 데리고 영원암으로 돌아와 선리(禪理)를 탐구하게 하며, 한 방편으로 뒷방에 가두어 문 창호지에 바늘 구멍을 뚫어놓고는,

"이 창호지 바늘 구멍으로 큰 황소가 들어올 터이

니 그 황소가 못 들어오도록 잘 방어하여라."
하고 어린애에게 말했다.

그렇게 열심으로 바라보기 몇 해 후,

"스님! 스님! 창 밖에서 큰 황소가 창구멍으로 들어오려고 합니다."
하며 고함을 쳤다.

영원상좌는 이제 기연(機緣)이 점점 익어감을 알고,

"오냐, 못 들어오게 지켜보아라."
한 즉 더욱 용맹스럽게 보기를 얼마 후, 소가 창구멍으로 쫓아 들어왔다.

아! 아! 그 아이는 활연대오(豁然大悟)하였다.

전생 상좌의 덕으로 대도를 깨쳤으니…….

"스님이 전생에 내 상좌였구려. 그런데 이제는 내가 스님의 상좌가 되었으니 이것이 불가에서 서로 바뀌지는 윤회라는 것이군요."

"그렇다. 이것이 바로 업과윤회(業果輪廻)라는 것이다."

영원상좌는 어린 동자를 끌어안았다. 두 스승 상좌는 전생 일을 얘기하며 같은 도인으로서 오래도록 수도 정진하였다 한다.

탐욕을 부려 모으기만 하고 남에게 공덕을 베풀지 않으면 창고나 지키는 업을 받는 것이다.

허정승의 애첩

옛날 지금의 서울에 허정승이란 분이 살았다. 그에게는 천하 일색인 애첩 박씨가 있었는데 그는 이 애첩 박씨를 무척이나 사랑하여 잠시도 떨어져 있기를 싫어하였다.

어느 해 봄, 나라에서 정승 판서들만이 모이는 어전회의(御前會議)가 열려 일주일 동안 집을 비우게 되었다. 허정승은 애첩을 못 보아 불타는 듯 치밀어 오르는 연정을 가까스로 참고 있다가 어전회의가 끝나자마자 집으로 돌아와 보니 기다리고 있을 줄 알았던 애첩 박씨가 간 곳이 없었다.

놀라 노비들에게 물어보니,

"며칠 전에 웬 숯장사가 숯을 팔러 왔었는데 둘이서 뭐라고 몇 마디 주고받더니 그 뒤에 집을 나가 다시는 돌아오지 않아 종적을 알려고 해도 알 수가 없어 대감마님께 알리려 했으나 어전회의 도중이라 알려드릴 수가 없었습니다."

라고 하였다.

허정승이 백방으로 수소문하여 보아도 아무도 행방을 아는 사람이 없었다. 허정승은 그 어떤 것에도 마음이 없어 벼슬이고 정승이고 다 치워 버리고 오직 보고픈 애첩을 찾아야겠다는 마음뿐이었다. 그리하여 조정에 들어가 굳이 사직을 하고 죽장망해로 조선팔도 방방곡곡을 찾아 헤매려고 집을 나섰다.

사방으로 아무리 돌아다녀도 애첩의 행방은 묘연하기만 했다. 수 일을 헤매 다니다가 웬 이상한 사람을 만나 물어본 즉 무슨 산에 가면 이름 높은 도승이 있으니 그 도승에게 물어보면 알 수 있으리라 해서 그 말대로 도승을 찾아가서 자기의 사정 이야기와 자기 심정을 이야기하였더니,

"마누라를 찾게 하여 주소서 하는 일념을 갖고 참선(參禪)을 하면 알 수 있다."

는 것이었다.

오직 애첩 박씨를 찾겠다는 마음으로 오대산(五臺山)으로 들어가서 참선을 한 지도 꼭 십 년이 되었다. 그래도 애첩의 간 곳은 알 수가 없었다.

십 년 공부도 허사로구나 하고 앉아 장탄식을 하다가 건너편을 바라보니 웬 여자가 무엇을 머리에 이고 가는 모습이 틀림없는 애첩이 아닌가? 옳다구나 하고 쫓아가다가 돌부리에 걸려 넘어져 머리를 다쳐 유혈이 낭자하였다. 머리를 움켜쥐고 있다가 정신을 차리고 보니 상처는 없고 잔디밭에 피만 흘러 있었다. 이것이 꿈인가 생시인가 하고 생각하는 도중 그만 활연

대오하여 과거·현재·미래의 삼세사(三世事)가 환하게 알아지는 것이 아닌가.

허정승은 전생에 일곱 살 때 집이 가난하여 남의 집 고용살이를 하였는데 산에 나무하러 갔다가 몸의 이를 잡아서 산에 던져 버렸는데 그 이가 산돼지 몸에 가 붙어서 살다가 죽었다. 그 인연이 금생에 와서 산돼지는 숯장사가 되고, 그때 고용살이하며 주인을 위해 열심히 일하고 착하게 살았던 공덕으로 자기는 정승이 되고, 이는 여자의 몸이 되었다. 그리하여 이로서 잠깐 몸에 붙어 있었던 인연으로 금생에 허정승의 애첩이 되고, 버린 이가 산돼지 몸에 붙어 피를 빨아 먹다가 죽은 인연으로 숯장사를 보니 따라가고 싶어서 숯장사를 따라가 함께 살게 된 것이다.

이렇듯 인연 작복이란 것은 구르고 굴러도 선인(善因)은 선과(善果)를 만나고 악인(惡因)은 악과(惡果)를 만난다.

세상 일 모든 것이 우연히 이루어지는 것은 하나도 없고 좋은 일이거나 궂은 일이거나 내가 짓고 내가 받는 것이다.

양우의 전생 구슬

옛날 중국 진(晉)나라에 양우(羊祐)라는 사람이 살고 있었다. 그가 나이 다섯 살 먹었을 때에 하루는 돌연히 그 부모에게 자기 구슬을 가져다 달라고 졸랐다.

부모는 뜻밖의 일이라 웬 구슬이냐고 물었더니 저 집 담 옆 뽕나무 사이에서 구슬을 잃었다면서 찾아 달라는 것이었다. 그 부모가 생각해 본 즉 구슬을 가진 적도 없고 아직 구슬을 갖고 놀 만한 나이가 아니기 때문에 이상히 여겨,

"그러면 네가 가서 찾아보아라."

하면서 양우의 뒤를 밟아보았다. 그랬더니 양우는 옆집으로 가서 우물을 지나 담 옆 뽕나무 밑을 기웃거리더니 뽕나무 사이에서 노란 구슬을 발견하고는 몹시 기뻐하였다.

놀란 부모가 눈이 휘둥그래지며 양우에게 물었다.

"네가 언제 이곳에 구슬을 갖다두었느냐?"

양우는 대답을 못하고 머뭇거리는 것이었다.

그때에 그 집 주인이 달려와 말하기를,

"얘야, 그 구슬은 5년 전에 죽은 내 아들이 갖고 놀던 구슬인데 네가 왜 갖고 있느냐?"

하면서 달라 하였다. 양우는,

"이것은 내 것이에요."

하고 울면서 빼앗기지 않으려고 몸부림치는 것이었다. 그의 부모가 생각해 보니 하도 기이하여 옆집의 아들이 죽은 날을 물어보니 바로 양우가 태어난 날이 아닌가. 이에 옆집 주인은 자기 아들이 죽어 다시 환생한 것이 틀림없다 하며 크게 기뻐하였다. 옆집 주인은 양우를 양아들로 삼고 슬퍼하고 기뻐하면서 양우의 친부모와 함께 양우를 귀하게 길렀다.

몸을 바꾸어도 마음은 사라지지 않았으니 심령이 밝은 사람은 전생 일의 기억이 나타나는 것이다.

미묘 스님의 전생

지혜의 눈을 떠 비구니가 된 어느 여인의 이야기
이다.

미묘(微妙)라는 법명을 가진 이 비구니는 본래는
부잣집의 외딸로 태어났다.

"우리 아버지는 높은 관직에 계셨던 분으로, 나라
안에 널리 알려질 만큼 덕망이 높았지요. 이웃 마을에
아버지의 친구 한 분이 계셨는데 그분에게는 총명하
고 늠름한 아들이 있었답니다. 그는 내 미모에 끌려
나와 결혼하기를 원했기에 우리는 결혼을 하여 얼마
후 한 아들을 낳았지요. 그 후 시댁의 부모님은 잇달
아 돌아가시고, 나는 이어 둘째 아이를 배었답니다.
남편과 의논을 하여 둘째 아이는 친정에 가서 해산하
기로 하고 남편과 큰아들과 함께 친정으로 향해 떠나
던 중, 중간에서 갑자기 진통이 와 나무 아래 자리를
마련하였습니다. 그날 밤에 아이를 낳았는데 사내아
이였답니다……."

그날 밤 조금 떨어진 곳에서 곤히 잠자던 남편은
독사에게 물려 목숨을 잃었다. 이런 사실도 모른 채
그녀는 새벽녘에 남편을 깨우려고 가까이 다가가서야

독사의 독이 온몸에 퍼져 죽어 있는 것을 보고는 그 자리에서 기절하고 말았다.

큰아이의 울음소리에 정신을 차려 큰아이는 등에 업고 작은아이는 품에 안고 울면서 친정을 향해 길을 떠났다. 길은 멀고 험하였으며, 친정으로 가는 중간에는 큰 강이 있었는데 수심이 깊고 폭이 넓어 도저히 애들 둘을 데리고는 건너갈 수가 없었다. 큰아이는 강가에 내려두고 먼저 갓난아이를 등에 업고 강을 헤엄쳐 언덕에 올라 나무 밑에 내려놓고는 큰아이를 데리러 가려는 찰나, 큰아이가 엄마를 부르며 물 속으로 내려오다가 그만 물에 떠내려가고 있었다. 그녀는 놀라 고함을 치며 헤엄쳐 갔지만 아이는 이미 어디론가 센 물살을 따라 사라지고 없었다. 그녀가 다시 작은애가 있는 강 언덕으로 돌아와 보니 이미 늑대가 작은애를 먹어 버린 후였다. 그녀는 다시 기절했다가 한참 뒤에 깨어났을 때는 이미 울 힘도 없는 실신 상태였다.

또다시 친정집을 향해 하염없이 걸었다. 가는 중간에 친정 아버지의 친구를 만나 친정 소식을 물으니 친정집은 며칠 전에 불이 나서 부모와 동생들이 모두 타 죽고 말았다는 것이었다.

그녀는 또 이 비통한 소식에 그만 기절해 버렸다. 눈을 떠보니 길에서 만난 아버지 친구집이었다. 이제 이 세상에 아무도 없는 홀홀단신이 된 그녀는 그간에

겪었던 슬픔을 얘기하면서 통곡을 하였지만 그녀의 곁을 떠나간 사랑했던 남편도 두 애들도 영원히 돌아올 수는 없는 것이 아닌가?

오갈 데가 없어진 그녀는 아버지 친구 집에서 기거하며 지내던 어느 날, 그 마을에 살던 한 남자가 얼굴이 고운 그녀를 보고 아내가 되어 달라고 애원을 하여 의지할 데 없는 그녀는 그 남자의 아내가 되기로 결심하고 다시 가정을 이루었다.

그러나 그 남자는 술망나니였고 도박꾼이었다. 술만 마시고 오면 망나니가 되어 구타하기 일쑤였다. 더 이상 참고 견딜 수가 없어 박복한 신세를 한탄하며 그 남자로부터 도망쳐 나왔다.

또다시 외톨이가 된 신세를 서러워하며 산기슭의 나무 아래서 기거하고 있었다. 그런데 그 마을 한 부호의 아들이 사랑하던 아내를 잃고 그 아내를 못 잊어 날이면 날마다 아내의 무덤을 찾아와 애통해 하였다. 그 남자와 몇 번 마주치곤 했는데 그가 그녀에게 새 아내가 되어 달라고 애원하여 다시 그의 아내가 되었다.

이번에는 지극한 사랑을 받으며 행복한 날들을 보내게 되었다. 하나 그 행복도 잠깐, 그는 얼마 안 되어 병이 들어 죽고 말았다. 그녀는 자신의 기구한 운명을 탓하며, '전생에 무슨 죄를 지었길래 이토록 고통을 받으면서 살아야만 하는지, 장차 누구를 의지하며 살아야 할 것이며, 이대로 죽어 버릴 수는 없을까?' 하는 갖은 생각을 하다 언젠가 지나다가 본 절이 생각나서 그 절에 갔더니 인자하게 생긴 한 노스님이 반갑게 맞아주셨다.

그 스님을 보자 참았던 설움이 복받쳐 올라 그동안의 얘기를 하며,

"저를 가엾이 여겨 수행자가 되게 해주십시오."
하고 애원을 하였다.

가엾이 여긴 스님이 상좌를 불러,

"이 가엾은 여인을 데려다 계법(戒法)을 일러주도록 하여라."
하면서 삶 그 자체가 고해라는 것, 모든 것은 다 무상하다는 것을 가르쳐 주었다. 그녀는 부지런히 정진하여 마침내 자신의 과거와 미래를 모두 알 수 있었다. 그녀가 현세에서 받은, 말로는 다할 수 없는 그 고통도 오로지 전생에 그녀가 지은 업의 갚음으로 받은 것이란 것을 알게 되었다.

이 이야기를 곁에서 함께 듣고 있던 한 비구니가 물었다.

"그렇다면 스님은 전생에 무슨 죄업을 지었길래 그토록이나 견디기 힘든 고통을 당하였는지요?"

미묘 스님은 다음과 같이 말했다.

"지난 세상에 한 부자가 살았답니다. 그에게는 재산은 많았으되 아들이 없었지요. 그래서 작은부인을 두었는데 집안은 비천했지만 용모가 아름다워서 그 부자는 작은부인을 몹시도 사랑하였소. 게다가 작은부인은 사내아이를 낳아 더없는 사랑을 받고 있었지요. 이것을 본 큰부인은 시샘이 나서 견딜 수가 없었답니다. '저 아이가 자라나면 이 집안의 모든 재산을 상속받게 될 것이다. 그러면 내 처지는 어떻게 될 것인가?' 여기까지 생각이 미치자 저 사내아이가 더 자라기 전에 일찍 죽여 버려야겠다고 결심을 하게 되었소. 그리하여 그 아이의 정수리에 깊이 바늘을 꽂아놓았지요. 아이는 자꾸 말라 가다가 얼마 후 죽고 말았답니다."

작은부인은 너무 애통해 미칠 것만 같았다. 그 아이가 죽은 것은 분명코 큰부인의 소행일 것이라는 생각이 떠나지 않아 어느 날 큰부인에게 이렇게 추궁하였다.

"당신이 우리 아기를 죽였지요?"

큰부인은 펄쩍뛰며 말했다.

"만일 내가 그대의 아이를 죽였다면 다음 생에 내 남편은 독사에 물려 죽고 거기서 낳은 자식은 물에 빠져 죽거나 늑대에 잡아먹힐 것이오. 그리고 내 부모형제는 불에 타 죽을 것이오. 이래도 나를 의심하겠소? 이래도……?"

　그때 그 부인은 선과 악의 갚음이 없다고 생각하고 그렇게 맹세를 하였던 것이다. 그러나 선인선과요, 악인악과라, 자기 자신만이 자기가 뿌린 인(因)을 거두게 되는 것이다.

　"그때의 그 큰부인이 오늘의 바로 이 몸이랍니다. 다행히도 이 몸은 부처님의 수행자가 되었지만 항상 따가운 바늘이 정수리로 들어와 발바닥으로 나가는 듯한 고통을 겪고 있소. 재앙과 복은 이와 같이 결코 사라지지 않는답니다. 그러나 이런 말이 있지요.

　　전에는 방일(放逸)하였지만
　　지금은 방일하게 행동하지 않는 사람은
　　마치 구름 사이에서 나온 달과 같이
　　이 세상을 비출 것이다.

　　옛날 자기가 범한 악업(惡業)을
　　지금은 선업(善業)으로써 덮는 사람은
　　마치 구름 사이에서 나온 달과 같이
　　이 세상을 비출 것이다."

　몇 생을 두고 얽히고 설킨 인과 관계, 성인(聖人)도 인과 관계에서만은 벗어날 수가 없다 했다. 사람은 자기 몫의 생에 대해선 자기만이 책임질 수 있는 것이기에 착하고 아름답게 선행을 하고 덕을 베풀며 살아야 하나 보다.

한 엽사의 발심 수도

옛날 중국 양무제(梁武帝) 때에 천태산(天台山) 지자대사(智者大師)의 삼세인과 법문을 듣고 한 엽사(獵師)가 발심(發心)하여 활을 꺾고 스님이 되어 도를 닦은 얘기이다.

천태산 중턱에 배나무 한 그루가 자랐다. 때는 늦은 여름이라 이 배나무에는 가지가 휘어질 정도로 주먹만한 배들이 주렁주렁 매달려 있었다. 그 배나무 위에는 까마귀 한 마리가 앉아 쉬고 있었다. 나무 아래에는 포식을 한 독사 한 마리가 무성한 풀밭에 똬리를 틀고 한가로이 잠을 자고 있었다.

배나무 위의 까마귀는 곧 나래를 펴고 다른 곳을 향해 날아갔다. 그 진동으로 큼직한 배 하나가 툭 떨어져 공교롭게도 잠자고 있는 독사의 머리에 정통으로 떨어졌다. 느닷없이 머리통을 얻어맞은 뱀은 분명 방금 날아간 까마귀의 소행이라 생각하니 부화가 났다.

'저 놈의 까마귀가…….'

머리골이 부서지는 듯한 아픔을 느껴 울화가 치민 뱀은 곧장 까마귀가 날아가는 방향으로 쫓아가며 온몸에 지니고 있던 독을, 머리를 곤두세워서 몽땅 뿜어

올렸다. 별안간 독을 뒤집어쓴 까마귀는 숨이 끊어지기 전에 그것이 뱀의 소행임을 확인하고는,

'저 놈의 뱀, 내가 일부러 배를 떨어뜨린 것도 아닌데 독을 뿜어 나를…….'

하며 온몸이 굳어지기 시작하는 것을 느꼈다.

"까악!"

마지막 외마디 비명을 내고 까마귀는 그대로 죽고 말았다.

독을 뿜어 까마귀를 죽인 뱀 역시도 주먹만한 배로 머리통을 얻어맞은 데다가 독을 뿜어 올리느라 체력을 소모했기에 몇 번 몸을 뒤척이더니 그대로 쭉 뻗어 버렸다. 이렇게 까마귀와 뱀은 서로 원한을 품으면서 죽었다.

까마귀는 죽어 암꿩으로 태어나고 뱀은 죽어 멧돼지로 다시 태어났다. 꿩과 멧돼지는 전생의 원한을 가슴 깊이 새겨 기회만 있으면 서로 앙갚음을 하려고 별렀다.

어느 화창한 봄날, 멧돼지는 먹이를 찾아 계곡 사이를 헤매었다. 그때 양지바른 곳에서 암꿩 한 마리가 알을 품고 있었다.

'아니? 저 꿩은 까마귀가 아닌가? 제 놈이 암꿩으로 변하면 내가 모를 줄 알고! 어림도 없다.'

멧돼지는 암꿩이 전생의 까마귀임을 쉽게 알아보고

는 음흉스러운 웃음을 지으며 암꿩에게 살금살금 다가갔다. 멧돼지는 암꿩 가까이에 이르자 발을 멈추고는 이리저리 둘러보다가 큼직한 돌을 발견하고는 암꿩을 향하여 그 돌을 힘껏 찼다.

"꿱!"

꿩은 그 자리에서 뻗어 버렸다.

'음, 이제야 전날의 원수를 갚았다.'

멧돼지는 하루도 잊은 적이 없는 전날의 원수를 이렇게 쉽게 만나 복수했다는 게 그렇게 기쁠 수가 없었다.

'알을 품고 한가롭게 앉아 있는 꿩을 발견할 수 있었다니⋯⋯.'

멧돼지의 기쁨과 시원함은 이루 말로 형언할 수 없었다. 멧돼지는 히죽히죽 웃어대며 자기 보금자리를 향해 어슬렁어슬렁 걸음을 옮겼다. 이때 사냥꾼이 죽어 있는 암꿩을 발견했다.

'어, 꿩이 죽어 있네?'

사냥꾼은 고개를 갸웃거렸다.

'이상하다. 꿩이 어째서 돌에 맞아 죽었을까? 사람의 짓이라면 잡은 꿩을 그대로 내버려두고 갈 리도 없고. 더군다나 이곳은 사람의 왕래가 없는 깊은 계곡이 아닌가?'

아무리 생각해도 이해가 되지 않았다. 어쨌든 사냥

꾼은 기분이 좋았다. 아무런 힘도 들이지 않고 큼직한 암꿩을 얻었으니 말이다. 요즈음은 웬일인지 며칠째 산을 헤매도 꿩새끼 한 마리 잡히지 않았다. 오늘도 아내는 먹을 것이 없다고 투정을 했었다.

그는 꿩을 들고 곧장 집으로 내려왔다. 아내에게 자랑도 하고, 또 아내를 기쁘게 해주고 싶어서였다. 집에 도착하기가 바쁘게 소리쳤다.

"여보! 빨리 나와 봐요. 내 솜씨가 어때?"

아내는 방문을 열고 나오며 짜증스럽게 물었다.

"무엇을 잡았다고 그 야단이에요?"

"이걸 봐요."

사냥꾼은 손에 들고 있던 꿩을 아내 앞에 내밀면서 우쭐대며 말했다.

"내가 계곡을 타고 가노라니 양지바른 곳에 이 놈이 알을 품고 있는 게 보이지 않겠소. 그래서 돌을 집어 살금살금 다가가서는 단 한 방에 쓰러뜨렸지 뭐요."

아내는 꿩을 받아들고는 좋아했다.

"어머! 암꿩이네요."

사냥꾼 부부는 오랜만에 살찐 꿩으로 포식을 했다. 우연일까? 부부가 혼인을 한 지 이미 여러 해가 지났으나 자식이 없었는데 꿩을 삶아먹은 그 달부터 사냥꾼의 아내에게 태기가 있었다. 사냥꾼 내외는 뛸듯이 기뻐했다. 드디어 달이 차 아이를 낳았는데 사내아이였다. 사냥꾼 부부는 온갖 정성을 다하여 길렀다. 아들은 그들 내외의 정성에 보답이라도 하듯이 아무런 잔병 없이 무럭무럭 자랐다. 날로 다부지고 씩씩하게 커 갔다. 아들은 소년이 되자 활쏘기를 즐겼다. 활쏘는 솜씨 또한 보통이 아니어서 아버지를 따라 사냥을 다니며 활쏘기를 익혔다. 이런 모습을 보는 아버지는 자기보다 더 훌륭한 사냥꾼이 되기를 바랬다. 어느 날 아버지와 아들은 나란히 사냥을 나섰다.

이때 소나무 아래 있는 꿩을 발견한 사냥꾼은 아들에게 말했다.

"얘야, 이번에는 네 솜씨를 보자꾸나."

"뭔데요? 아버지."

"저길 봐라. 저기 소나무 아래 꿩이 있지 않느냐?"

"꿩이요? 싫어요, 난 안 잡겠어요."

아들은 무엇이 못마땅한지 꿩을 쏘지 않겠다고 대답했다.

"아니, 왜 잡지 않겠다는 거냐?"

"꿩이 가여워요. 그리고 저는 멧돼지만 사냥하고 싶어요."

아버지는 아들의 생각이 이상했다. 사냥꾼이 어찌 이런저런 짐승을 골라 잡으랴. 무엇이든지 눈에 띄는 대로 잡는 게 사냥꾼이 아닌가?

"그럼 너는 무엇을 잡고 싶단 말이냐?"

"멧돼지요."

"멧돼지? 왜?"

"모르겠어요. 그냥 멧돼지만 죽이고 싶어요. 이 천태산에 있는 멧돼지란 멧돼지는 다 내 활로 쏴 죽이고 싶어요."

사냥꾼은 아들의 말이 도무지 이해가 되지 않았다. 그리고 은근히 화도 났다. 당장 눈앞에서 놓친 꿩 때문에도 그랬고, 사냥을 업으로 하면서 어찌 멧돼지만 잡겠단 말인가? 아들의 지나친 욕심이라 생각되었다.

"너는 혹 큰 짐승만 잡고 싶은 것 아니냐?"

"아니에요. 멧돼지는 저와 원수라도 진 것처럼 치가 떨리도록 밉고 죽이고 싶어요."

"참 별일이군. 하지만 조심하거라. 멧돼지를 잡기엔 넌 아직 어려."

"제까짓 놈이 강하면 얼마나 강할라구요."

며칠 후 아버지와 아들은 온종일 산을 헤매었으나 한 마리도 잡지 못하고 힘없이 터덜터덜 집으로 돌아오는데 아들이 갑자기 아버지의 옷자락을 잡으면서 소리쳤다.

"아버지! 저기 멧돼지가 달려가요."

"어디?"

"저기요, 저길 보세요."

아버지는 아들이 가리키는 곳을 살펴보았다.

"아! 저기 가는구나."

말을 마침과 동시에 사냥꾼의 손에서 활시위가 날아갔다. 기세있게 날아간 화살은 멧돼지의 머리통을 적중시켰다. 멧돼지는 미친 듯이 펄쩍펄쩍 날뛰다가 주둥이를 땅에 처박고 고꾸라졌다. 멧돼지의 죽음을 확인한 아들은 환성을 질렀다.

"야! 멧돼지가 죽었구나!"

기뻐 어쩔 줄 몰라 껑충껑충 뛰는 아들의 모습이 사냥꾼의 눈에는 더없이 이상했다.

'음, 저 녀석은 무엇 때문에 저토록 멧돼지를 미워할까? 참 모를 일이야…….'

그들은 멧돼지를 끌고 집으로 돌아왔다. 아들은 점점 더 커갈수록 멧돼지를 증오했다.

세월이 흘러 아버지는 늙고 힘이 없어 아들에게 사냥용 무기 일체를 물려줬다. 그 후 오래지 않아 아버지는 세상을 떴다.

오늘도 아들 사냥꾼은 멧돼지를 찾아 산을 헤맸다. 얼마를 헤매다가 근래에 볼 수 없었던 큼직한 멧돼지를 발견하고는 뒤쫓아갔다. 그런데 금방 어디론가 사라져 버려 이리저리 찾던 중, 마침 그곳에서 천태산 지자대사가 지관삼매(止觀三昧)에 들어 계시는 것을 발견하고는,

"대사님! 방금 전에 멧돼지 한 마리가 이리로 지나

갔는데 못 보셨습니까?"
하고 물은 즉 지자대사는 그 사냥꾼을 찬찬히 훑어보
시고는 이런저런 이야기를 하시더니,

 "엽사여, 그 활을 던져 버리시오."
하시며 그 사냥꾼과 멧돼지와의 전생 인과의 원결(怨
結)을 말씀하시며 발심 수도(發心修道)케 하시었다.
즉 지자대사는 정(定)에 들어 혜안으로써 이들의 과
거 인연을 관(觀)하셨던 것이다.

  이토록 인간이든 짐승이든 한번 맺은 원한의 매듭
은 몇 생(生)을 두고 다시 태어나도 좀처럼 풀리지
아니하기에 누구든 맺은 자가 먼저 풀어, 거듭 태어나
도 얽혀지는 이 원한의 굴레에서 벗어나야 할 것이다.

어느 축생보의 한

　임환경(林幻鏡) 스님이 해인사(海印寺) 영자전(影子殿)이란 암자에 감원으로 계실 때였다. 어느 날 상제 한 사람이 흰 개 한 마리를 데리고 왔는데 그 개는 마루청, 큰법당 할 것 없이 사방으로 헤매면서 사내(寺內)를 더럽히고 다녔다.

　환경 스님은 불쾌한 생각에 상주에게,

　"아무리 체면이 없기로서니 이런 청정한 곳에 개를 데리고 왔는가. 개 단속 좀 하게."

하고 일렀더니 상주는 미안하다는 표정을 지으면서,

　"스님! 용서하여 주십시오. 실은 이 개는 모습은 비록 개의 몸이되, 바로 저의 모친이옵니다."

하는 것이 아닌가. 환경 스님이 이상해서,

　"개를 보고 어머니라니…… 그게 무슨 말인가?"

하고 물으니 다음과 같은 이야기를 하는 것이었다.

　"죄인은 경상도 지례군(知禮郡) 지례면(知禮面) 옴팽이라는 마을에 사는 김재선(金在善)이온데, 부친은 일찍 작고하시고 모친을 모시고 살아 왔는데 지난 해 모친마저 별세하시고 모친이 돌아가신 4개월 후 죄인의 집에 기르던 개가 저 흰 개 한 마리를 낳았습니다.

그런데 개가 커 감에 따라 하도 탐스럽고 영리하고 좋으니까 마을사람들이 사냥개로 만들라 하여 하루는 개의 두 귀를 쨌더니 그날 밤 돌아가신 어머니가 나타나,

'내가 박복해서 좋은 곳에 태어나지 못하고 도로 네 집에 태어났는데 이 몹쓸 놈아, 네가 내 귀를 칼로 째서 아파 견딜 수가 없구나. 하기야 내가 지은 업보인데 누구를 탓하겠느냐? 네 누이가 살기가 곤란하여 몰래 너를 속이고 쌀과 천을 훔쳐주었으니 말이다.' 하길래 깜짝 놀라 깨어보니 꿈이었습니다. 그리하여 저 개가 분명 모친의 후신인 줄 알았습니다. 그제서야 개 밥그릇을 깨끗이 하고 음식을 갖추어 가지고 개 앞에 놓고 사죄하기를,

'알지 못해 잘못하였사오니 소자를 용서하여 주십시오.' 하였더니 그날 밤 꿈에 또다시 나타나 말하되,

'내가 평생에 기차 구경, 해인사 구경을 못한 것이 한이로구나. 그러니 네가 이 두 가지 구경을 시켜 내 한을 풀어주기 바란다.' 하시길래 3년 전에 김천역에 가서 기차 구경을 시켜드리고, 오늘 해인사 팔만대장경을 참배시키려고 왔으니 너그럽게 헤아려 주십시오."

하고 환경 스님에게 부탁하였다.

환경 스님은 그의 정성이 지극함을 가상히 여겨 장
경각(藏經閣)과 큰법당을 안내하였더니 개는 꼬리를
흔들고 다니면서 기쁜 표정으로 구경을 하고 상주는
다시 개를 데리고 갔다는 것이다.

부처님께서는 '금생의 개나 돼지는 전생에 남을 속
이고 해친 과보'라고 설하셨듯이 자기 스스로의 업보
에 따라 축생도(畜生道)에 떨어지기도 하니 인간 몸
받았을 때 선업을 짓고 공덕을 쌓아 세세생생 복락을
누리자.

전생의 원한

부처님 생존시의 일이다.

어떤 나그네가 성으로 들어가는 길에 성문에서 새끼를 낳은 암소에게 떠받쳐 목숨을 잃었다. 사람을 죽인 소의 임자는 겁이 나서 소를 팔려고 했으나 사람 죽인 소라며 아무도 사려고 하지를 않아 헐값에 팔아 버렸다. 소를 산 사람은 자기 집으로 소를 끌고 가던 중, 목이 말라 물가로 가서 물을 마시는 순간 뒤에서 소가 주인을 떠받아 죽고 말았다.

소를 샀다가 재난을 당한 그 집 아들은 화가 나서 당장 그 소를 잡아 장에 팔러 갔다. 마침 어떤 사람이 그 소를 사서 새끼줄에 꿰어서 집으로 가다가 집에서 조금 떨어진 나무 밑에 앉아 쉬게 되었는데 새끼줄에 매단 소머리를 나뭇가지에 걸어놓았다. 그런데 그만 새끼줄이 끊어지는 바람에 소머리가 나무 아래 쉬고 있던 사람의 머리에 떨어져 뇌진탕을 일으켜 즉사하였다.

결국 한 마리의 소가 사람 셋을 죽인 셈이었다. 온 마을에 이 괴사(怪事)가 퍼져 사람들이 괴이한 일이라 해서 세존께 여쭈었다.

"세존이시여! 괴상한 일이 일어났습니다. 성중에 소 한 마리가 세 사람을 죽였답니다. 무슨 연유인지 알고 싶습니다."

세존께서는,

"죄의 갚음에는 반드시 그 원인이 있소. 그들의 죽음은 지금 시작된 것이 아닙니다."

하시며 다음과 같이 말씀하셨다.

한 마리의 소에게 죽음을 당한 세 사람은 전생에 서로 친한 친구로서 이 마을 저 마을로 다니며 장사를 하는 사이였다. 어느 때 세 상인은 장사를 하러 다니다가 날이 저물었으나 쉬어 갈 마땅한 여관도 주막도 없어 근처에 있는 한 집을 찾아들었다. 주인을 찾으니 그 집은 노파 혼자 외롭게 사는 집이었다.

"할머니, 날도 저물었는데 어디 마땅히 쉬어 갈 곳이 없으니 하룻밤만 쉬어 가게 해주시오. 사례는 충분히 하리다."

"나 혼자 살다보니 집이 좁고 누추하여 쉬어 갈 마땅한 방이 없으니 다른 곳으로 가보시오."

"할머니! 누추해도 좋으니 하룻밤만 재워주시오. 사례는 하리다."

노파 역시 가만히 생각해 보니 하룻밤 재워주면 푼돈이라도 만져보게 되니 손해될 것도 없을 성싶어 세

상인을 유숙케 했다. 노파는 갑자기 들이닥친 손님들을 위해 이집저집 다니면서 침구도 마련하고 음식도 구해 이들을 정성껏 대접하였다.

그러나 세 상인은 처음의 말과는 다르게 혼자 사는 노파라 만만하게 보고 며칠을 편히 노파의 집에서 숙식을 했으면서도 떠나올 때는 사례도 하지 않고 할머니 몰래 살짝 빠져 나오고 말았다. 노파가 밖에 나갔다가 돌아와 보니 상인들이 보이지 않아 이웃사람에게 물었더니 벌써 떠났다는 것이었다.

화가 난 노파는 수십 리 길을 뛰고 걸으면서 그들의 뒤를 쫓아갔다.

얼마를 뒤쫓아가 그들을 겨우 만나,

"여보시오, 남의 집에서 잠을 자고 밥을 먹었으면 숙박비를 내고 가야지, 인사말도 한 마디 없이 가는 법이 어디 있단 말이오."

하고 따져 물으니, 세 상인은 펄쩍뛰며,

"이 노파가 망령이 들었군. 우리가 떠나올 때 숙박비를 치렀는데 또 달라니…… 아까 받지 않았소."

하며 딱 잡아떼는 것이었다.

이 말을 들은 노파는 분함을 못 참아,

"이 날도둑놈들아, 너희들이 언제 숙박비를 주었단 말이냐."

하며 꾸짖었으나 그들은 아무도 없는 외로운 노파라

오히려,

"자꾸 억지말을 하면 관가에 고발하겠소."

하면서 협박을 하는 것이었다. 노파는 치밀어 오르는 분을 참을 수 없었으나, 노파 혼자 그들을 대항하기에는 힘이 약한지라 부득불 숙박비를 포기하지 않을 수 없었다.

그러나 억울하고 분한 마음은 삭힐 수가 없었다.

"이 도둑놈들아, 내가 지금은 힘이 약해 너희들을 어떻게 혼내줄 수가 없다만 죽어도 너희들을 용서하지 않겠다. 금생이 아니면 내생, 내후생에라도, 아니 짐승의 몸을 받더라도 너희들을 한꺼번에 죽이고 말겠다."

그 노파는 이를 갈면서 저주의 말을 했던 것이다.

그 후 노파는 자기 명에 세상을 떠났으나, 원한을 품고 죽었으므로 오늘날 암소로 태어나 그때의 앙갚음을 한 것이다. 그때의 그 노파가 오늘의 암소요, 소한테 죽은 세 사람은 숙박비를 떼먹고 달아난 그때의 장사치들이니라.

그러면서 부처님은 다음과 같이 읊으셨다.

나쁜 말과 나쁜 마음으로
잘난 체 뽐내며

함부로 남을 업신여기면
미움과 원한의 싹이 튼다.
공손한 말과 아름다운 마음으로
남을 높이고 공경하며
맺힘을 풀고 남에게 친절을 베풀면
미움과 원한은 저절로 사라지네.

무릇 사람이 세상에 날 때
그 입 안에 도끼가 생겨
그로써 제 몸을 찍나니
그것은 악한 말 저주한 말을 한 때문이니라.

〈법구경에서〉

　　오뉴월에도 서리가 내리는 원한, 말이 씨가 되는
구업(口業). 그래서 우리는 아름다운 말, 아름다운 마
음으로 나 자신의 운명을 이끌어 가야겠다.

어머니가 죽어 뱀이 되다

경북 거창 마을에 김창선(金昌善)이란 사람이 살고 있었다. 그에게 나이 70 넘은 노모가 있었는데 어찌나 구두쇠였는지 인정이라곤 메말라 그의 집에는 감나무가 100주가 넘어 감이 한없이 흔했는데도 감이 물러 땅에 떨어진 것조차 이웃의 어느 누구 하나 주워 가지 못하게 하며 밤낮으로 번갈아 가며 그 감을 지켰다.

또 쌀독을 지키며 쌀독 근처에는 며느리조차도 얼씬 못하게 하였고, 돈이 생겨도 아들이 참견을 못하게 하였다.

그래서 마을사람들은,

"저 할머니는 독사보다 더 독한 할머니다."

하면서 모두 욕을 했다.

할머니가 나이가 많아 죽자 아들은 어머니를 모실 좋은 땅을 구하지 못하여 우선 그 감나무 밑에 가매장을 하였다. 그런데 어머니가 죽은 지 3개월이 조금 넘었을 때였다.

그의 아내가 밥을 지으려고 쌀독 뚜껑을 열어보니 그 쌀독 속에 한 자 가량 되는 뱀이 있었다. 기겁을 해서 쫓아내고 쌀을 꺼내어 밥을 지었다. 지은 밥을 빈소에 올리려고 하니 조금 전에 보았던 그 뱀이 혼백 상자 안에 들어가 있었다. 이 말을 들은 김부자가 상식을 하고 곧 묘소로 가보니 묘소에 조그마한 구멍이 하나 뚫려 있었는데 그 뱀이 그 속으로 들어갔다.

옛말에 '궂은 혼령도 팔도유람을 하면 좋은 곳에 간다'는 어른들 말씀이 생각나서 김부자는 깨끗한 상자를 마련하여 무덤가로 가서는,

"어머님! 뱀이 되었거든 이 속으로 들어오십시오."
하니 그 무덤 구멍에서 뱀이 나와 곧 상자 속으로 들어갔다. 김부자는 이 상자를 들고 팔도유람을 다니다가 마침내는 금강산 유점사에 다다랐다.

유점사에서 스님의 법문을 듣고 느낀 바 있어 49재를 잘 올려드렸다. 그랬더니 그 뱀이 상자 속에서 죽고 말았다.

그날 밤, 어머니는 꿈에 나타나,

"내가 살아서 욕심을 많이 내고 좋은 일이라고는 조금도 하지 않아 뱀의 몸을 받아 고통스러웠으나 이제 너의 정성과 법사님의 공덕으로 좋은 곳에 태어나니 그리 알고 안심하여라."
하고는 곧바로 사라졌다.

비로소 김부자는 어머니가 천도된 줄 알고 집에 돌아와 불사와 선행에 여생을 마쳤다.

2. 인과(因果)편

염주 하나의 탐욕

옛날 강원도 금강산 발연사(鉢淵寺)에 여러 대중 스님들이 살고 있었다. 그 스님들 가운데 비구승인 지상(智相)과 계인(戒人)이라는 두 스님이 도반으로서 다정하게 수도하며 살고 있었다.

어느 날 지상 스님은 그 절에 하룻밤 묵어가게 된 어느 객스님으로부터 모감주 백팔염주 한 벌을 선물로 받게 되었다. 가장 절친한 계인 스님 역시 그 모감주를 갖고 싶었으나 하나뿐이어서 가질 수가 없었다. 모감주는 새까맣고 윤기가 흘러서 보는 이마다 탐을 내게 하는 아름다운 염주였다. 지상 스님 역시 그것을 애지중지하고 아무도 만지지 못하게 하며 항상 목에 걸고 다녔다.

어느 해 봄날, 계인 스님은 지상 스님에게 뒷산 소

풍이나 가자고 권해 함께 천리 만길 되는 험준한 산 봉우리에 앉아서 놀게 되었다. 한참을 앉아 놀다가 갑자기 계인 스님이 지상 스님을 불렀다.

"지상 스님!"

"……?"

"지상 스님! 그 염주 구경이나 좀 하세."

"밤낮 옆에서 보던 염주를 새삼스럽게 뭣하려고?"

"그래도 그 염주를 한 번 만져보고 싶어서 그런다네."

"그러면 잠깐만 보고 돌려주게나."

지상 스님이 목에 걸었던 염주를 벗어주자 계인 스님은 한참 만져보더니,

"참으로 곱게도 생긴 염주구먼. 이것 나에게 줄 수 없을까?"

하니 지상 스님은 펄쩍뛰었다.

"농담 말게. 얼마나 내가 아끼고 있는지 스님이 더 잘 알지 않나? 다른 것은 줄 수 있어도 이 염주만은 줄 수가 없네."

"정말 줄 수가 없어?"

별안간 계인 스님은 고함을 치더니 지상 스님을 발길로 차서 낭떠러지 밑으로 떨어뜨리고는 그 염주를 가지고 절로 내려와서 그냥 바랑을 짊어지고 어디론가 떠나고 말았다.

한편, 떠밀려진 지상 스님은 순간 고함을 치며 절벽 아래로 떨어졌다. 그러나 불행 중 다행으로 절벽 중간 바위틈에 자라난 큰 소나무가지에 대롱대롱 매달려 생명만은 잃지 않았던 것이었다.

얼마쯤 지난 후 정신을 차려 살펴보니 혼자 힘으로는 도저히 절벽 위로 올라갈 수가 없었다. 지상 스님은 죽으나 사나 '관세음보살님'이나 불러보자고 생각하며, 지성으로 생각하고 불렀다.

그때 비몽사몽간에 웬 노장 스님 한 분이 나타나서는 이렇게 말하는 것이었다.

"여보게 젊은 스님! 염주 한 벌의 애착 때문에 목숨을 잃게 되었구려. 탐착이란 게 그렇게 무서운 거라오. 나도 젊은 시절 발연사 화주승(化主僧)이었는데 절을 중창하기 위해 받은 시주돈을 쓰기가 아까워서 다락 속에 감춰놓고 미루어 오다가 부처님께 벌을 받아 큰 구렁이가 되어 이 낭떠러지 밑에 살고 있소. 내가 젊은 스님을 구해줄 테니 내가 하지 못한 불사(佛事)를 내 대신 이룩하여 주시오. 그러면 이 구렁이 몸을 벗을 수가 있다오. 내가 구렁이 몸으로 절벽 위로 기어 올라갈 테니 내 등에 타고 꼭 붙잡고서 산봉우리 위로 올라가구려. 그리고 내가 부탁한 것, 잊지 말고 시행하여 주시오."

지상 스님은 꿈에서 깨어난 듯 이상하게 생각하다

낭떠러지 밑을 바라보니, 과연 시커먼 큰 물체가 움직여 가까이 왔을 때 보니 큰 구렁이가 기어 올라오는 것이 아닌가? 나뭇가지 사이로 올라오더니 지상 스님에게 타라는 듯이 등을 들어 내미는 것이었다. 지상 스님은 순간 무서운 생각도 들었지만 꿈에서 부탁받은 일이 있으므로 살고 싶은 욕심에 구렁이 몸에 올라탔다. 구렁이는 스님이 떨어지지 않게 꼬리로 몸을 감싸고는 슬금슬금 기어 마침내 산봉우리 위로 올라가서는 평지에 스님을 내려놓았다. 지상 스님은 구렁이에게 수없이 절을 하며 약속을 꼭 지키겠노라고 맹세한 후 절로 돌아왔다.

절에 돌아오자마자 공루(公樓)에 올라가서 채독을 열어보니 과연 시주의 방함록과 함께 엽전 수백 냥이 노끈에 꿰어져 구렁이처럼 들어 있었다.

지상 스님은 여러 대중 스님들께 공포하고 그날로부터 그 돈으로 발연사를 중건중수(重建重修)하고 낙성 회향재를 올렸다. 또 그 구렁이를 위하여 지장기도를 올려 천도(薦度)하였다.

그랬더니 그 구렁이는 다시 지상 스님의 꿈에 노장 스님의 모습으로 나타나서 지상 스님에게 치하하며 말했다.

"나는 스님 덕택으로 구렁이 몸을 벗고 천상으로 올라간다."

모감주 염주를 탐내어 죄를 짓고 달아났던 계인 스님은 이 소문을 듣고 지상 스님을 찾아와 염주를 돌려주며 지난 일을 참회하며 사죄하였다.

이때 지상 스님은 염주를 불에 태워 버리면서 말했다.

"이 염주 때문에 나는 죽을 뻔했고 계인 스님은 죄를 짓게 된 것이네."

승(僧)은 절대로 귀한 물건을 가지지 말 것이며, 애착이나 탐욕해서는 아니 됨을 서로 다짐하면서 옛날처럼 다정한 도반이 되었다고 한다. 그 후에 이 두 스님이 신심을 돈발하여 수도하여서 고승이 되었고, 화주승도 천도를 하게 된 것이었다.

애욕(愛慾)의 과보

옛날 평안도 어느 시골에서 일어났던 일이다.

한 농부가 장날에 소와 돼지를 판 돈을 주머니에 넣어서 허리띠에 단단히 매어 달고 집으로 돌아가는 길이었다. 과년한 딸의 혼수비용을 위해 애써 기르던 소·돼지를 팔았던 것이기에 행여 잃어버릴세라 간간이 만져보면서 발걸음을 재촉하였다. 이 돈을 받아들고 기뻐할 늙은 아내와 딸의 모습을 떠올리면서…….

어느 주막집 앞을 지나다가 마침 날씨도 춥고 배도 고파서 그 주막집에 들어갔다.

"주인장! 막걸리 한 사발 주시오."

방안에서는 분명 사람들의 말소리가 도란도란 들리는 듯한데 통 대답이 없었다.

재차 불렀다.

"주인장! 막걸리 한 사발 주시오!"

"네, 나갑니다."

대답은 하는데 통 사람이 나오지를 않았다. 아마도 방안에서는 젊은 남녀가 정담을 나누고 있는 것 같았다.

마침 그 농부는 대변이 마려워 그 주막 울타리 뒤

허술한 뒷간으로 가서 허리띠를 풀어 울타리에 걸쳐놓고는 용변을 보았다. 그런데 갑자기 족제비 한 마리가 지나가는 것이었다. 용변을 다 보고 허리띠를 챙겨보니 있어야 할 돈주머니가 감쪽같이 없어진 게 아닌가?

귀신이 곡할 노릇이었다. 농부는 황급히 아까 족제비가 사라진 쪽으로 달려가 보았으나 울타리 근처에는 아무것도 없었다. 지나간 것이라고는 족제비 한 마리뿐이었는데…….

족제비에게 돈주머니를 도적맞은 농부는 화가 머리 끝까지 올라 주인을 찾았다.

"아까 내가 막걸리 한 잔 청했을 때 당신들이 빨리 나와서 술을 팔았으면 돈을 잃어버리지 않았을 것이 아닌가?"

이 농부는 주인에게 항의하며 변제해 달라고 요구하였다.

"아니 이 사람이 미쳤는가? 보지도 못한 돈주머니를 내어 놓으라니 미쳐도 이만저만 미친 게 아니구먼. 아무도 오고 간 사람이 없는데 누가 돈을 가져갔단 말인가?"

주인은 오히려 더 역성이었다.

"사람도둑이 아니고 당신네 집 족제비가 훔쳐갔단 말이야…….

"이 사람이 정신이 돌았군. 족제비가 무슨 재주로

돈주머니를 훔친단 말인가? 엉터리 수작 말고 썩 돌아가."

돈을 잃은 농부보다도 주막집 주인이 더 윽박질렀다. 그리하여 서로 욕설이 오고 가고, 멱살을 잡고 잡히고 격투를 하며 싸움이 벌어졌다.

이 광경을 지켜보던 주막집 여자는 겁이 나서 관가로 달려가 고발을 하였다. 곧 포졸 두 사람이 들이닥쳐 일단 싸움은 끝이 났다. 벌건 대낮에 그것도 족제비에게 돈을 도적맞은 그 농부는 분함을 참을 수 없어 포졸에게 자초지종을 소상히 설명하였다. 하지만 설명을 들은 포졸 역시 믿지를 않고 오히려 사실대로 바른 말을 하라고 윽박질렀다. 그러나 있었던 그대로라고 거듭 강조하는 농부의 말에 포졸은 그제서야 자세히 농부의 행색을 살펴보았다.

"당신 말대로라면 그 족제비는 어느 쪽으로 갔는가?"

"저기 굴뚝 있는 데로 사라졌습니다."

농부의 말대로 울타리 뒤에 있는 굴뚝 주위를 살펴보니 족제비 한 마리가 드나들 만한 조그만 구멍이 하나 있었다. 포졸이 주막집 내외에게 괭이로 파보게 하였더니 여자는 안색이 파랗게 질리면서 사시나무 떨듯이 몸을 바들바들 떨고 서 있을 뿐 움직이려 하지를 않았다. 이상하게 생각한 포졸은 곧 같이 온 동료에게 젊은 남녀를 잘 감시하라 이르고는 농부로 하여금 그 구멍을 파보게 하였다. 그 구멍을 얼마쯤 파자 돈주머니가 나오더니 고약한 냄새가 풍겼다. 괴이한 생각이 든 포졸이 더 깊게 파보라고 재촉을 하자 농부도 이상한 생각에 그 구멍을 깊게 파헤쳤다.

그런데 이게 웬일인가? 사람의 시체가 나오는 것이었다. 시체의 목에는 예리한 칼로 찌른 듯한 자국과 머리 위에는 큰 대못이 박혀 있었다. 다른 사람 아닌 주막집 여자의 전 남편이었다.

주막집 젊은 여자는 간부(姦夫)와 함께 본부(本夫)를 살해한 뒤, 굴뚝 위에 묻었던 것이었으니 악인악과의 불변의 철리(哲理)를 증명한 일이 아니겠는가?

자식이 받은 죄보

　일본 요꼬하마 팔왕사 밑 어느 촌에서 명주실을 팔아 생계를 잇는 한 상인이 장에 가서 실을 팔아 돈을 쥐고 집으로 돌아오다가 밤이 이슥하여 어느 주막에서 하룻밤 묵어 가게 되었다. 그 주막집에는 마침 도박으로 돈을 잃은 한 사람이 와 있었는데 한방에 함께 투숙하게 되었다. 밤이 늦도록 이 이야기 저 이야기하다가 상인이 돈을 가지고 있다는 것을 알아차린 도박꾼은 그 이튿날 상인이 가는 길목에 숨어 있다가 상인의 등줄기를 칼로 쳐 죽이고 돈을 강탈하여 도망갔다.

　얼마 동안은 그 돈을 가지고 술과 노름으로 거드럭거리며 세월을 보냈다.

　어느 때에 그의 아내는 태기가 있어 만삭의 몸이 되어 옥동자를 낳았는데 아내가 낳은 어린아기를 목욕시키려고 보니 어깨에 붉은 띠처럼 생긴 핏줄기가 부스럼 모양으로 기다랗게 줄지어 있었다. 보기가 흉칙해서 씻어주고 아무리 약을 발라주어도 낫지 않았다.

　보다못한 아내가 남편에게 물었다.

"여보! 우리 아기 등줄기에 나 있는 이 부스럼덩이 같은 게 낫지 않으니 웬일일까요?"

남편이 들여다보니 과연 흉측하게 생긴 게 꼭 얼마 전에 죽인 상인 등줄기의 칼 맞은 자국과 같아 보여 소름이 끼쳤다.

'아! 이 아기는 죽은 실장사가 원수 갚으려고 내 자식으로 태어난 것은 아닐까?'

무서운 생각이 번개같이 지나갔다. 자식을 볼 때마다 왈칵 공포심이 생겨 견딜 수가 없었다. 그래서 아내 몰래 틈을 타서 두 손가락으로 코를 꼭 쥐어서 질식시켜 죽여 버렸다.

그 이듬해, 아내는 또 사내아이를 낳았다. 이 아이는 두 손가락으로 코를 꼭 쥔 것같이 코가 홀쭉하게 생긴 데다가 어깨에는 죽은 애처럼 붉은 띠를 띤 것 같은 흔적이 완연했다. 아마도 자기가 저지른 죄악의 과보인 것 같아 다시는 죽일 용기가 나지 않았다. 하지만 자식을 볼 때마다 귀여운 생각보다 죽은 상인의 얼굴과 죽은 자기 아들의 얼굴이 떠올라 무섭기만 했다.

그럭저럭 세월은 흘러 상인이 죽은 지 7년 되는 여름 어느 늦은 밤, 밤 늦도록 노름을 하고 술에 취해 집에 돌아와 보니 아내는 어디론가 가고 없고 어린아이 혼자 남폿불 아래 잠이 들어 있었다. 그 옆에 자기도 꼬부라져 잠이 들었는데 다섯 살짜리 어린 아들이 자다 일어나 소변보러 나가다가 남폿불을 덮쳐 버린 것이 아버지 몸으로 기름이 쏟아지면서 불이 붙어 악한 아버지는 불타 죽어 버렸다. 이날 밤이 바로 죽은 상인의 제삿날 밤이었다 한다.

이처럼 인과(因果)란 어김없이 돌아오기 마련이다. 그래서 선인선과요 악인악과라 했다.

자업자득의 과보

지금의 호남지방에 어떤 형제가 살았다.

그들은 부모로부터 많은 유산을 물려받았다. 그런데 형은 방탕하여 물려받은 재산을 다 탕진해 버렸으나, 동생은 근면 착실하여 재산을 더 늘려 큰 부자가 되었다. 그래서 동생은 언제나 형을 도왔으나, 동생의 재산을 탐내고 시기한 형은 언젠가는 동생의 재산을 빼앗을 나쁜 마음을 지니고 있었다.

하루는 계략을 꾸며 동생에게 공갈 협박하는 서신을 익명으로 보냈다.

〈나는 산적 두목인데 너의 아버지 묘를 파헤쳐 두 골을 갖고 있으니, 두골을 찾고 싶으면 돈 천 냥을 준비하여라. 만약 이 사실을 관가에 고발하면 너나 너의 일가족을 몰살하겠다.〉

겁에 질린 동생이 놀라 아버지의 묘소를 찾아가 보니 과연 협박장 내용대로 아버지 시체의 목은 잘려 있었다.

대경실색한 동생이 급히 형을 찾아가 상의하니 형도 놀라면서,

"일이 시급하니 돈 천 냥이 문제인가? 응당 자식으

로서 아버지의 두골을 찾아야지. 그렇게 하여야만이
너에게도 복이 올 것이니 남들에게 알리지 말고 투서
의 내용에 따르도록 하자."
하였다.

두 형제는 그렇게 하기로 합의를 보고 동생은 산적
이 지정한 날, 지정한 장소로 돈을 준비하여 가기로
하였다.

그때 옆에서 잠자코 듣고 있던 형의 아들이 말하
였다.

"어떻게 산적놈의 뜻대로 순순히 응한단 말입니까?
제가 비록 나이가 어리고 힘이 없지만 그 산적놈의
목을 한 칼에 베어 할아버지의 원수를 갚겠습니다."

형은 놀라 극구 만류하였다.

"그러한 네 행동은 목숨이 위태로운 일이며 만용에
지나지 않는다."

동생도,

"네 생각은 갸륵하다만 너는 아직 나이도 어리고
힘도 약하니 그냥 어른들의 의견에 따르도록 하여
라."
하며 간곡히 만류하였으므로 형의 아들은 일단 어른
들의 뜻에 따르는 듯한 태도였다.

그리하여 지정한 날, 동생은 돈 천 냥을 가지고 산
적을 만나러 갔다.

산적은 복면을 하고 음성도 우렁차게 외쳤다.

"돈부터 주면 이 두골을 건네주겠다."

이때 산적의 말이 떨어지기가 무섭게 주위에 숨어 있던 조카가 서리 같은 칼날을 휘두르며 산적의 목을 베어 버렸다. 동생이 목이 떨어져 나간 산적의 복면을 벗기고 보니 바로 소년의 아버지인 그의 형이었다. 동생과 그의 아들이 통곡하였으나 이미 형은 스스로 죄보를 자초한 것이었으니 선인선과요, 악인악과라.

자기가 뿌려 자기가 받게 된 자업자득이 아니던가?

상원사의 야반 종성

강원도 원주에 있는 치악산(雉岳山)은 뱀이 많기로 유명하다.

용감한 궁술사 한 사람이 치악산 밑 상원사(上院寺)라는 옛 절터로 구경삼아 사냥을 갔다. 이리저리 구경하다가 법당 뒤로 올라가니 큰 구렁이 한 마리가 새끼를 품고 있는 암꿩을 잡아먹으려고 독기를 피우고 있어 꿩은 새끼를 안고 날아가다 가는 떨어지고, 날아가다 가는 떨어지곤 하더니 기지도 못하고 푸드득거리고 있었다. 궁술사는 꿩이 너무도 불쌍하고 측은해서,

'아무리 미물이기로서니 부처님 도량에서 살생을 하려고 하다니……'

하며 활줄을 힘껏 당겨 큰 구렁이를 향해 쏘았다. 활에 맞은 구렁이는 몇 번 굽이를 치더니 그만 자빠지고 꿩은 날아가 버렸다.

며칠이 지난 후 궁술사가 이리저리 사냥을 하다가 그만 산속에서 날이 저물어 인가를 찾아 헤매는 중에 멀리 보이는 불빛이 있었다. '아, 저기 사람이 살겠구나' 생각하며 그 불빛을 찾아갔더니 삼간초당에 희미

한 불빛만이 흘러 나오고 있었다. 주인을 찾으니 문을 열고 궁술사를 맞이하는 사람은 뜻밖에도 소복을 한 젊은 여자였다.

"지나가는 과객이온데 날이 저물었으니 하룻밤 머물다 갈 수 없는지요."

"방이 하나뿐이어서 불편하시겠지만 여로에 고달프신 듯하니 하루 쉬었다 가십시오."

여자는 궁술사를 방으로 안내했다. 그리고는,

"실은 저는 며칠 전에 남편을 잃은 과부입니다. 남녀가 유별하여 함께 누울 수는 없으니 손님은 아랫목에서 주무십시오. 저는 윗목에서 바느질이나 하겠습니다."

하며 살며시 고개 숙이는 여인은 희미한 불빛을 받아 어여쁘다 못해 애처롭기까지 했다.

"너무나 죄송합니다."

궁술사는 피곤하여 막 잠을 자려고 하는데 이상한 냄새가 코를 찔렀다.

가만히 눈을 떠서 보니 바느질을 하던 여인이 바늘에 실을 꿰기 위하여 실끝에 침을 묻히는데 혀가 두 갈래로 되는 게 아닌가? 너무나 놀란 궁술사는 벌떡 일어나 앉았다. 그리고는 걸음아 날 살려라 하고 도망쳐 나왔다.

어느새 여자가,

"이 원수놈아, 게 섰거라."

하며 쫓아오는데 아무리 궁술용사였지만 여자에게 붙잡히고 말았다.

"도대체 너는 누구냐?"

"나는 며칠 전에 너의 화살에 맞아 죽은 구렁이의 아내다. 너를 만나 남편의 원수를 갚으려고 기다리고 있었다."

"아! 그렇지만 내가 네 남편을 죽인 것은 고의가 아니라 꿩과 그 새끼를 살리기 위해서였다. 지금 여기서 내가 죽으면 늙으신 부모님과 어린 처자권속은 어떻게 살란 말이냐? 내 너와 너의 남편을 위해 절에 가서 기도를 드려 천도를 하여 줄 터이니 원한을 풀어라."

"그렇다면 우리는 절에서 들려오는 종소리를 들으면 마음이 편안하고 즐겁고 괴로움을 잊어버릴 수 있으니 종소리를 들려다오. 그러면 너를 놓아주마."

그렇지만 여기서 어떻게 종소리를 들려줄 수 있단 말인가?

생사의 기로에서 허둥대는 찰나, 어디선지 뎅-뎅 종소리가 들려오는 것이 아닌가?

종소리가 들리자 여인은,

"나는 이제 원한을 풀고 간다. 나와 남편을 위해 천도재를 올려다오."

하며 사라졌다.

정신을 차리고 보니 그가 잤던 삼간초당은 온데간데없고 넓은 숲 자갈밭이었다. 그 예쁘기만 하던 여자는 누런 구렁이로 변사해 버렸다.

궁술사는 자기의 생명을 구해준 종소리는 어디서 들려왔던 걸까 하고 종소리가 났던 곳을 향해 찾아가 보니 치악산 상원사 종 앞에 꿩과 그 새끼가 머리가 터져 죽어 있었다.

며칠 전 구해준 꿩들이 궁술사의 원해(怨害)를 구하기 위하여 시간도 되기 전에 머리로 종을 치다 죽은 것이었다.

인과 순환의 보은에 감화된 궁술사는 활을 부러뜨려 던져 버리고 금강산으로 들어가 수도를 하였다 한다.

이는 종소리를 들으면 지옥중생도 고통을 쉰다는 뜻에서 생긴 종성 찬탄의 전설이다.

형제끼리 죽고 죽이는 인연

옛날 부처님 생존시의 일이다.

어느 마을에 어려서 부모를 여읜 장사꾼 형제가 있었는데 그들은 서로 의지하며 의좋게 살고 있었다. 형은 그 마을 갑부의 딸인 미모의 여자를 연모해 오다가 드디어는 결혼을 약속하는 사이가 되었다.

형은 딴 상인들과 함께 먼 곳으로 장사하러 떠나게 되어, 이번 장사만 하고 와서 결혼식을 올리기로 하고 약혼만 해 놓았다.

그런데 떠난 형이 여러 해가 지나도 돌아오지를 않아 여자의 아버지는 혼기가 지난 딸을 볼 때마다 고심하다가 상인의 아우를 찾아가,

"자네 형은 떠난 지가 여러 해가 지났는데도 통 무소식이니 아마 그곳에서 장가를 간 모양이네. 그러니 자네가 내 딸을 맞아들이도록 하게."

하고 부탁했다.

"형님이 살아계시는데 제가 어찌 형 대신 그렇게 할 수가 있습니까?"

몇 번을 권했지만 동생은 자기의 뜻을 굽히지 않았다. 그러나 여자의 아버지도 단념하지 않고 한 묘책을

쓰기로 작정했다. 사람을 돈으로 매수하여 그 형이 죽었다고 소문을 퍼뜨리게 한 것이었다. 영문을 모르는 아우는 정말 형이 죽은 줄 알고 슬퍼했다. 서로 의지하며 살아온 형이 이제 가고 없으니 이 세상에는 오직 자기 혼자라는 외로움이 그를 더욱 슬프게 했다.

여자의 아버지는 또다시 아우를 찾아와 간절하게 애원했다.

"이제 자네 형이 죽고 없으니 내 딸을 맡아주게나. 한 번 약혼을 한 몸이라 딴 곳으로 보낼 수도 없고 하니 자네가 형 대신 언약을 지켜주게나."

아우는 하는 수 없이 그 여자와 결혼을 했다. 여자는 예쁘기도 하거니와 마음씨도 착하고 남편을 위할 줄도 알고 살림도 잘하여 행복한 나날을 보냈다.

얼마 후 아내는 곧 임신을 하게 되었는데 그때에 형이 살아 돌아왔다. 소식을 전해 들은 아우는 형을 대할 면목이 없어 집을 떠나 버렸다. 아내는 그 소식에 충격을 받아 애기를 낙태하고 말았다. 집을 떠나온 아우는 여기저기 정신없이 떠돌아다니다가 부처님을 찾아가 머리를 깎고 출가하였다. 아우는 계율을 굳게 지키고 부지런히 정진하여 곧 신통력이 생기고 지혜를 두루 갖춘 훌륭한 스님이 되었다.

고향으로 돌아온 형은 자기와 사랑을 했던 여자, 약혼을 했던 그 여자가 동생과 결혼을 하였다는 것을 알고는 치밀어 오르는 질투심을 걷잡을 수가 없었다. 옛날엔 그토록 의좋은 형제였건만 질투로 눈이 멀어진 형은 달아난 아우를 찾아 꼭 죽이고 말겠다는 결심을 하고 동생의 행방을 수소문하였다. 형은 하수인을 한 사람 구해 동생을 찾아 죽이면 상금을 주겠다고 약속을 했다.

스님이 된 아우는 오늘도 단정히 앉아 참선을 하고 있었다. 이 모습을 목격한 하수인은 형에게 알려 형과 함께 스님을 죽이려고 다가가다가 자기도 모르게 발길이 멈추어졌다. 스님의 얼굴에서 풍기는 인자함이 그의 발걸음을 멈추게 한 것이었다. 하지만 상금에 눈이 먼 하수인은 다시 활을 잡았다.

그런데 죽은 사람은 아우인 스님이 아니고 그의 형이었다. 하수인의 잘못으로 옆에 있던 형에게 활시위가 당겨진 것이었다. 형은 분하고 분했지만 괴로워하다가 죽고 말았다. 이렇게 죽어간 형은 분심을 지닌 채 죽었기에 독사의 몸을 받았다는 얘기가 있다.

이처럼 모질게 맺힌 마음은 쉽게 풀리지 않아 윤회의 괴로움을 되풀이한다. 참회하고 뉘우치지 않고는 풀릴 기약이 없는 악업의 인연과 윤회, 그래서 우리들은 일상생활에서 참회와 발원이 따르는 기도를 해야 하나 보다.

이 세상에서 원한은 원한에 의해서는 결코 풀리지 않으며, 그 원한을 버릴 때에만 풀린다는 영원한 진리를 부처님은 법구경에서 밝히셨다.

어느 처녀의 한

어느 화가 한 사람이 풍경화를 그리기 위해 어느 절에 갔는데 가서 본 즉 그 절에서는 하루 종일 목탁 소리와 염불하는 소리가 끊어지지 않았다. 사연을 물어보니 그 절에 있는 젊은 중의 목에 뱀이 붙어 있는데, 그 중은 다른 사람에게 보이지 않으려고 목에다 수건을 감고 기도한다는 것이었다.

내용인 즉 일본 유강(由岡)이란 곳에 부자인 한 모자(母子)가 있었다. 그 어머니는 중병에 걸려 있다보니 병구완 할 사람이 필요해서 이웃에 사는 한 아름다운 처녀를 식모로 들여놓았다. 그 처녀는 병구완도 잘하고 집안일을 잘 보살피며 얌전해서 그 어머니의 마음에 꼭 들었다.

어느 날 아들이 밖에서 들어오자,

"얘야, 저 애를 네 아내로 맞아들이면 어떠하냐? 미모도 아름다울 뿐더러 심성이 착하니 며느리로 맞아들이고 싶구나. 네 생각은 어떠냐?"

하고 물으니 아들 역시 그동안 그 처녀의 미모에 마음이 끌려 있던 참이었는지라,

"어머니의 의견이 그러시다면 그렇게 하겠습니다."

하고 쾌히 승낙했다.

두 모자가 그 사실을 처녀에게 전하니 처녀는 더욱 좋아하며 성심성의껏 간호를 하여 얼마 후 어머니의 병세는 쾌차하였다. 막상 병이 다 낫고 보니 그렇게 착하고 아름답던 처녀가 이제는 자기 집안의 외며느리로 맞아들이기에는 별로 흡족치가 않았다.

일가친척들과 이웃사람들도,

"이렇게 부호이고 외아들인데 비천한 여급 식모를 며느리로 맞아들일 수는 없지 않아요?"

하고 부추겼다.

곰곰이 생각해 보니 '우리 집안쯤 되면 어느 부잣집 외딸을 며느리로 맞아도 손색이 없는데……' 하는 생각에 아들과 상의하여 다른 마을의 부잣집 딸을 맞아들이기로 합의를 본 후 결혼 날짜를 정해 버렸다.

이 소식을 들은 처녀는 분한 마음을 견딜 수가 없었다. 마음을 둘 데가 없어 괴로워 하며 밤을 설치기 몇 날, 드디어 그 남자는 장가를 가서 신부를 맞게 되었다.

처녀는 신부가 집에 들어서는 것을 본 순간 미칠 것만 같은 마음을 견디지 못해 그 집 마당가에 있는 우물에 거꾸로 빠져 죽어 버렸다. 결혼을 축하하러 온 여러 사람들이 놀라 우물 속을 들여다보니 샘물에서 이상하게도 새파란 뱀이 두레박줄을 타고 올라오는 것이 아닌가? 그 새파란 뱀은 신랑 신부가 동방화촉을 밝히는 안방으로 쏜살같이 들어가 신랑의 목에 붙어 떨어지지 않았다. 힘 있는 장정이 달려와 그 뱀을 떼어서 도막을 내어 죽여 버려도 조금 있다가 또 와서 신랑 목에 붙어 버렸다.

　신부는 그날 밤에 혼비백산하여 자기 집으로 돌아가 버렸다. 일가친척과 동네사람들이 그것을 떼려고 별별 짓을 했건만 소용이 없었다. 여자의 원혼을 달래려고 절에 가서 기도도 하고 천도도 하였지만 뱀은 청년의 목에서 떨어질 줄을 몰랐다. 결국 어머니는 병이 들어 세상을 뜨고 그 아들은 중이 되어 염불기도로 청춘의 넋을 달래고 있다는 것이었다.

　남의 마음속에 원한의 씨를 심으면 그것이 싹이 트고 열매가 맺어 악과(惡果)로 나에게 돌아오는 것이거늘…….

수양부모 학대한 죄업

경상도 거창(居昌)에 두 늙은 내외가 외롭게 살고 있었다. 논과 밭, 과수원 등 재산은 많았으나, 슬하에 자식을 두지 못했다.

그리하여 때때로 두 내외는,

"여보 영감, 우리는 전생에 무슨 죄를 지었기에 남들 다 있는 자식이 없을까요? 딸자식이라도 하나 두었더라면 이렇게 적적하지는 않겠지요."

"다 팔자소관이오. 우리에게 자식복은 없지만 두 내외가 이렇게 해로할 복은 지녔지 않소."

하며 서로 위로하고 아껴주며 살았다. 그런데 마침 이웃 동리에 살고 있는 젊은 내외가 이 외로운 두 늙은이를 보살피며 자식이나 다름없이 집안일도 거들면서 밤이나 낮이나 와서 입 안의 혀처럼 두 노인의 가려운 곳을 헤아려 주었다. 외로운 노인들도 그들에게 정이 들어 친자식이나 다름없이 믿고 사랑하여 하루는 일가친척들과 마을사람들을 모아놓고 음식도 장만하여 잔치를 베풀며 그들 젊은 내외를 그들의 양자로 입적시켰다.

커다란 집에 두 늙은이만 적적하게 살다가 함께 오

손도손 모여 이야기하며 살아가는 지금의 생활이 두 늙은 노인에게는 그렇게 행복할 수가 없었다. 육십 평생 느껴보지 못한 생활의 싱싱함이었다.

"여보 할멈, 우리가 양자를 잘 맞아들였는가 보오. 이렇게 함께 살아가는 게 즐거우니 말이오."

"그러게 말입니다. 나 역시 지금의 이 생활이 행복하답니다."

"할멈! 이제는 내가 먼저 죽더라도 양아들 내외가 잘하니, 안심하고 갈 수 있겠구나 생각하니 마음이 이토록이나 홀가분할 수가 없소."

두 내외는 그들에게 너무나 잘해주는 양자 부부를 믿고는 그들의 노후를 의탁하며 그들의 재산을 양자에게 넘겨주었다.

이럭저럭 세월이 흘러가 영감이 먼저 세상을 떠나고 할머니만 외톨이로 남게 되었다. 웬일인지 그로부터 젊은 양자 부부는 할머니를 대하는 태도가 달라졌다. 이제는 할머니가 힘든 집안일도 해야 했고, 양자의 애기도 봐줘야만 했다. 그 많던 재산도 다 양자에게 넘겨 버렸기에 이제는 돈도 없어 딴 데 갈 곳도 없고 해서 빈 방에 앉아 한숨과 눈물과 외로움으로 가슴 아픈 세월을 보낼 뿐이었다. 먼저 가버린 영감을 그리워하며 노후를 양자에게 의탁한 것을 후회하였으나 이제는 돌이킬 수가 없었다.

　오직 하루빨리 죽은 영감이라도 만나지기를 바라는 마음 간절했으나 죽음도 쉽게 다가오지 않았다. 그러나 하루하루가 다르게 구박하는 양자 부부의 학대에 견디다 못해 할머니는 마침내 영감을 부르며 목을 매어 자살하고 말았다.

　그 후 얼마가 지났다. 양아들 아내가 또다시 임신이 되어 만삭이 지나 난산으로 아기를 낳았다. 낳고 보니 아기는 기형아인 양두아(兩頭兒)를 낳았는데 왼편 머리는 양부의 얼굴이요, 오른편 머리는 양모의 얼굴인지라 너무도 놀란 산모는 그만 기절하여 죽고 말았다. 남자는 어린아이를 볼 때마다 양부모의 모습과 그 기형아의 모습이 무서워서 견딜 수가 없었다. 그리하여 반 미치광이가 되다시피 폐인이 되어 고통 속에서 지내다가 그 기형아 아들을 목졸라 죽이고 자기도 죽어 버렸다.

　그런데 그날이 바로 할머니의 제삿날이었다 하니 기묘한 인연이 아닌가?

　콩 심은 데 콩 나고, 팥 심은 데 팥이 나는 인과의 이치. 선악의 업보는 반드시 받는 법이다.

인면창(人面瘡)

　중국 당나라 때 계행(戒行)이 청정하고 정혜(定慧)를 열심히 닦은 성혜(城慧)라는 스님이 여러 대중들과 함께 살았다. 그는 마음이 자비롭고 화를 잘 내지 않아 간병하는 일을 맡게 되었다.

　하루는 그 대중 처소에 성질이 포악하고 인물이 괴상한 노장 스님 한 분이 왔었는데, 그 노장 스님은 문둥병이 만성이 되어 몸에서는 피와 고름이 줄줄 흘러 옆에서 간호하기가 역겨웠다. 그런데도 노장 스님은 사람을 항상 자기 옆에 불러 앉혀 놓고 떠나지 못하게 하면서 신경질을 부리곤 했다. 때로는 밥그릇을 팽개치기도 하고, 약이 쓰다고 짜증을 내기도 하고, 죽이 뜨겁다고 성혜 스님에게 뒤집어씌운 것이 한두 번이 아니었다.

　성혜 스님은 그럴수록 생각하기를,

　'병이 만성이 되어 신경질을 많이 부리니 이런 사람을 더 친절하게 보살펴 주어 어떻게 하든지 병이 낫도록 간병해 주는 게 내 할 일이겠지.'

하며 더 친절하게 간호를 하였다. 이렇게 지극히 간호한 덕택으로 그 노장 스님은 고치기 어려운 만성 문

등병이 3개월만에 완치되었다. 노장 스님은 완쾌되어 떠나게 될 때에야 침이 마르도록 성혜 스님의 칭찬을 아끼지 않았다.

"과연 자네야말로 현세의 보살이군. 복을 짓는 가운데서 간병보다 더 큰 것이 없다 하거늘 네 정성스런 간호로 내 병이 다 나았으니 그 고마움을 내 잊지 않으마. 네 나이 40이 되면 나라의 국사로 뽑혀 천하의 존경을 한 몸에 받으리라. 그러나 천하제일의 권력가로 변했을 때에 마음에 허영을 채우게 되면 크게 고통받는 일이 있으리라. 그때에 꼭 나를 찾아야 할 것임을 잊지 말아라."

성혜 스님은 국사가 된다는 것은 꿈에도 생각해 본 적이 없었다.

"스님, 저 같은 사람에게 나라의 국사라니요. 그리고 오욕을 버리고 출가 수도하는 것은 열심히 정진하여 장차 견성성불(見性成佛)을 하여 무량 중생을 제도하자는 것인데 그러한 지위가 저에게 무슨 의미가 있겠습니까? 만약 그러한 지위가 온다 하여도 결코 오늘의 이 뜻을 저버리는 생활은 하지 않을 겁니다."

"어허, 이 사람, 장담은 못하는 거라네. 먼 날 일은 두고 보면 알 것이 아닌가."

"그렇다면 스님의 주소라도 알려주십시오."

"나는 다룡산 두 소나무 아래 영지 옆에 산다. 그

리로 날 찾아오너라."

"감사합니다. 만일 그런 일이 생기게 되면 꼭 찾아 뵙겠사오니 오늘의 이 언약을 저버리지는 마십시오."

노장 스님과 성혜 스님은 이렇게 아쉬운 작별을 하였다.

과연 성혜 스님이 40세가 되었을 때에 몇 번을 사양하였지만 여러 스님들의 추천으로 옛날 그 노장 스님의 말씀대로 국사가 되었다. 왕명을 받아 오달조사(悟達祖師)라는 호를 받고 금빛 찬란한 가사장삼을 몸에 두르고서 천하제일의 음식에, 만조백관이 그 앞에 조아리고, 왕 역시 정치를 자문해 오니 세상에 그보다 더 높은 사람은 없었다. 자기 자신도 모르는 사이에 오달조사는 어깨가 으쓱해졌고, 40여 년 간 지켜온 지난날의 계행은 간 곳이 없어졌으며 오후불식(午後不食)도 하지 않고 편안하게 지내게 되었다.

어느 날인가 하루는 이상하게 넓적다리가 쓰리고 아파 만져보니 웬 혹이 하나 나 있었다. 그 혹은 시시각각으로 커져 나중에는 사람의 머리만해졌다. 그런데 그 혹은 사람의 얼굴을 하고 있지 않는가. 머리도, 코도, 입도 지닌…….

걸음을 걸으면 쓰리고 아파 견딜 수가 없어 저절로 얼굴이 찡그려졌다.

일국의 국사는 자비의 상호를 지니고 있어야 하거

늘 항상 찌푸리고 있자니 만조백관 앞에 나서기도 괴로웠다. 좋다는 약은 다 써보았지만 낫지 않았다. 하루는 그 아픈 곳에서 사람 소리가 났다.

"오달아, 너만 좋고 맛있는 음식 먹지 말고 나도 좀 다오. 그리고 걸을 때에는 조심조심 걸어 나를 아프지 않게 좀 해다오. 네가 다리를 절뚝거리지 않으려고 억지로 걸음을 걸을 때마다 나는 얼굴이 쓰려 견딜 수가 없구나."

오달조사는 너무나 깜짝 놀랐다.

"도대체 너는 누구인데 날 이토록 괴롭힌단 말이냐? 말이나 해보아라."

그러나 그 말뿐 입을 열지 않았다. 소름이 끼친 오달조사는 아프기도 하거니와 남이 알까 두렵기도 했다. 일국의 국사의 신분으로서 이 무슨 창피인가? 남에게 말 못할 이런 병을 지니고 있다 보니, 하루하루가 바늘 방석에서 지내는 것만 같아 부귀영화도 다 싫었다.

불현듯 언젠가 오늘을 예고해 주신 그 노장 스님 생각이 났다. 오달조사는 야밤에 모든 것을 다 팽개치고 다룡산으로 노장 스님을 찾아 나섰다.

다룡산 두 소나무 사이에 이르니 안개가 자욱한 가운데 이상한 풍악소리가 들리고 한 정자 아래 그 노장 스님이 앉아 있었다. 노장 스님은 오달조사를 보자,

"오늘 네가 올 것을 기다리고 있었노라."
하셨다.

"스님! 제 병을 좀 고쳐주십시오. 이 혹이 저를 괴롭히고 놓아주지를 않습니다."

"그러게 내 이르지 않았더냐. 국사가 되더라도 전날의 계행과 정진을 게으름 피우지 말고 계속해라 했거늘, 혹은 바로 너의 원수다. 저 영지로 내려가 말끔히 씻어 버려라."

노장 스님의 말씀대로 오달조사가 영지에 내려가 씻으려 하니 그 혹이 말하였다.

"내가 너에게 할 말이 있다. 너는 나를 알겠느냐?"

"내가 어찌 너를 안단 말이냐?"

"그렇겠지. 그러나 나는 너를 잊지 않고 있다. 내가 옛날 일국의 재상으로 있을 때 너는 우리 나라에 사신으로 와서 무슨 오해를 가졌는지 우리 임금께 참소하여 나를 죄없이 죽게 하였다. 그래서 나는 철천지원한이 되어 기회만 있으면 원수를 갚고자 했지만, 네가 세세생생 중이 되어 계행을 청정히 지니고, 마음닦기를 게을리 하지 않아 틈을 얻을 수 없어 못하고 있었다. 다행히 오늘날 네가 국사가 되어 계행이 해이해지고 수도를 하지 않아 모든 선신이 너를 버리고 떠나는 바람에 이렇게 원수를 갚을 수 있었는데, 네가 불심이 강하고 전날 여러 사람들의 간병에 지극정성을 다하였던 공덕으로 노장 스님께서 너를 돌보셔서 더이상 너를 괴롭히지 못하게 되었다. 그러나 나 역시 저 노장 스님 덕으로 세세생생에 맺은 원수를 풀고 참도를 구해 나아가게 되었으니 다행한 일이구나. 이 영지못은 해관수(解寬水)라는 신천(神泉)으로 한번 씻으면 만병이 통치되고 묵은 원한이 함께 풀어지기 때문이다. 그럼 잘 있거라."

말을 마치자 그 혹은 감쪽같이 사라졌다.

오달국사는 그때서야 그동안의 해이된 계행, 거만한 마음을 참회하고 그 물에 목욕하니 병은 간 곳이 없고, 몸은 전날 수도하던 그때의 가뿐한 몸으로 돌아왔다. 해관수에서 목욕하고 나와 그 노장 스님을 뵙고자 그곳으로 갔더니, 소나무는 여전한데 정자와 노장 스님은 간 곳이 없었다. 과연 성현의 영적(靈跡)이었으리라.

그로부터 오달조사는 국사의 직을 버리고 옛날처럼 계행을 청정히 하고 수도에 정진하여 이른바 만수행인(萬修行人)의 본이 되었다 한다.

벙어리 오남매

조선조 광해군 때의 일이다. 어느 마을에 총을 잘 쏘는 사냥꾼이 있었다.

그는 어느 날 사냥을 나갔다가 마침 배가 불룩한 원숭이 한 마리가 눈에 띄어 총을 겨냥하고 쏘려고 하니, 원숭이는 한 발을 들고 쏘지 말라는 표시를 하였다. 하지만 배운 것 없는 무식한 포수가 눈에 띈 사냥감을 그냥 둘 리가 없었다. 집에 돌아와 가죽을 벗기고 배를 갈라보니 새끼 다섯 마리가 들어 있었다.

그런 일이 있은 얼마 후 그의 아내가 만삭이 되어 아이를 낳고 보니 사내아이 셋, 계집아이 둘 모두 오남매였다. 그런데 다섯 아이의 모습은 반은 사람의 모습이요, 반은 원숭이의 모습을 지녔다. 더군다나 그 오남매는 말할 때가 되었어도 말을 못하는 벙어리들이었다. 그렇다고 내버릴 수도 없는 일이었다. 또한 형편이 어려워 장남과 장녀는 곡예단에 팔려가 남의 구경거리가 되는 신세가 되었다.

그때서야 그는 아무리 말 못하는 짐승이지만 함부로 살생을 해서는 안되겠다는 것을 깨닫고 평생을 두고 잘못을 빌며 불공을 드렸다. 그러던 어느 날, 팔려

갔던 남매가 돌아오고 또 아이들 모두가 말을 시작하였고 차차로 얼굴에 덮여 있던 원숭이의 모습이 벗겨졌다. 이에 부부는 놀라움과 고마움에 눈물을 흘리며 더욱더 선한 일을 행하고, 일곱 식구가 남을 도우며 아무리 미미한 생물일지라도 생명이 있는 것은 살생하지 않았다 한다.

업장소멸(業障消滅)

경상도 거창 고원사에 유복(有福)이라는 머슴이 있었다.

그 절의 부목으로 있는 스님이 마을에 탁발을 나갔다가 온 마을 아이들의 놀림감이 되고 있는 유복이를 절로 데려왔다. 스님은 유복이에게 법당 청소도 하게 하고 나무도 하게 하며, 겨울이면 방마다 불을 지피게 하는 등 오직 남을 위한 일이라면 무엇이든지 유복이에게 하게 하였다. 유복이는 절에 오는 사람들을 위해 불편함이 없도록 열심히 일하였지만 절에 오는 사람마다 유복이를 피하며 스님께 하필이면 왜 그렇게 흉측한 머슴을 두었느냐고 물었다.

스님은 빙긋이 웃으며,

"선한 공덕을 쌓아서 업장을 멸하려 함이지요."

하실 뿐이었다.

유복이는 절 밑 마을에서 홀어머니와 단둘이 외롭게 살았다. 그 어머니가 자기를 낳았을 때, 온 마을에는 뱀을 낳았다는 소문이 파다하였다.

그 모습이란 게 수족과 면상을 제외하고는 온몸이 뱀 비늘로 덮여 있었던 것이었다.

어머니는 갓난아이의 모습을 보고는 그만 기절을 하였다. 자기 뱃속에서 나온 아이가 사람이 아니고 뱀의 형태를 하였으니…….

'아, 내가 전생에 무슨 죄를 지었기에 뱀의 형태를 한 아기를 낳았단 말인가! 아! 하늘도 무심하시지.'

어머니가 정신을 차리고 난 후, 지난날 일을 곰곰이 생각해 보니 하나 짚이는 게 있었다.

어느 여름날, 나물을 삶아 건지고 난 뒤 그 끓는 물을 무심코 울타리 밑으로 쏟아 버렸는데 그때 마침 울타리 밑에 있던 큰 구렁이 한 마리가 물벼락을 맞고 데어서 죽었다. 그날로부터 태기가 있더니 만삭이 되어 낳고 보니……. 그리하여 그 어머니는 어떠한 생명이라도 함부로 죽여서는 안될 것을 깨닫고 통곡하였으나, 아들의 흉측한 모습은 사라지지 않고 온 동네 아이들의 놀림감이 되었다.

자기의 태어남이 이러하여 유복이는 오늘도 업장소멸하고자 열심히 선한 공덕을 쌓으며 부처님께 그 구렁이의 왕생극락을 발원하고 있다고 한다.

음업(陰業)에 의한 죄보

자기가 뿌린 씨는 반드시 자기가 거둔다는 불가(佛家)의 가르침과 맥락을 같이 하는 콩을 심으면 콩을 얻고, 오이를 심으면 오이를 얻는다(種豆得豆 種瓜得瓜)라는 옛 글귀가 있다. 보응(報應)의 진리인 것이다.

청나라 강희(康熙) 때의 일이다. 헌현 땅에 사는 호유화(胡維華)는 반란을 꾀하다가 거사 직전에 발각되어 남녀노소할 것 없이 삼족이 불에 타 죽는 참화를 입었다. 그러한 호유화의 아버지 때의 일이다.

유화의 아버지는 이름난 부자였다. 대부분의 부자들은 인색하여 남의 아픔을 나 몰라라 하는 법이지만 유화의 아버지는 없는 사람 돕기를 좋아하여 언제나 가난한 사람들을 도와주는, 별로 남에게 흠잡힐 만한 잘못은 거의 없는 사람이었다. 그런 그가 남이 알지 못하는 가운데 커다란 죄악을 범했다.

호(胡)의 이웃 마을에 장월평(張月坪)이란 늙은 선비가 있었다. 그에게는 큰딸과 아래로 어린 아들 셋이 있었다. 딸은 용모가 아름답기로 소문이 자자했다. 국색(國色)이란 평을 들을 정도로 미인이었다.

색(色)에는 영웅호걸이 없다던가? 호영감 역시 장

월평의 딸에 대해서만은 끓어오르는 욕망을 억제하기가 어려웠다. 호는 자나깨나 그녀에 대한 생각뿐이었다. 그에게는 처첩이 있어 그녀를 달랠 만한 구실도 없을 뿐더러 장(張)에게 사정을 해본다 하여도 허락할 리가 없었다. 하지만 호는 그럴수록 더 단념할 수 없었다.

그는 드디어 원대한 계획을 세웠다. 우선 장월평에게 은혜를 베풀기로 하고 장을 자기 집에 모셔다가 스승으로 모셔 자기 자식들에게 글을 가르치도록 주선했다. 생활이 어려운 장은 호씨의 호의에 감사하여 그의 제의를 받아들였다. 선비가 부잣집에 들어가 글을 가르치는 것은 수치가 아니었기에…….

장월평에 대한 호의 대우는 극진하여 장의 가족들까지도 자기 집 식구들처럼 알뜰히 보살펴 주었다.

장월평은 빈궁하여 그의 부모가 타지에서 죽었으나 아직까지 부모의 유해를 고향으로 모시지 못함을 늘 슬퍼하였다. 이러한 사실을 아는 호씨는 장에게 그의 부모의 유골을 모셔올 수 있도록 장지까지 마련해 주며 장례비를 후히 주었다. 장은 호의 속셈도 모른 채 그저 감격할 뿐이었다.

장월평의 부모를 모신 장지 옆에 작은 밭이 하나 있었는데 웬일인지 장의 부모를 옮겨 모신 뒤로부터 그 밭에서는 크고 작은 사건이 자주 발생하였다. 그러던 어느 날 밭에서 시체 한 구가 발견되었다. 죽은 사람의 신원을 알아본 즉 평소에 장월평과 깊은 원한이 있었던 사람이라 장이 제일 먼저 용의자로 지목되었다. 관가에서는 달리 뚜렷한 범인이 나타나지 않자 그를 살인 용의자로 체포하여 감옥에 가두고 문초를 하였다.

비록 원한 관계는 있을지언정 살인이라니……. 도저히 생각지도 못할 일인지라 장은 펄쩍뛰며 자기의 결백을 주장했지만 먹혀들지가 않았다. 훗날 세인들의 추측으로 호가 장월평을 궁지에 몰아넣기 위해 장과 원한이 있는 사람을 일부러 죽였다는 말이 있었다.

어쨌든 장이 살인 누명을 쓰고 옥에 갇히자 호는 백방으로 손을 써 장을 무사히 풀려 나오도록 해주어 호에게 두 번씩이나 큰 은혜를 입게 된 장과 그의 가족들은 호를 신처럼 우러러보게 되었다.

그러던 어느 날 장월평이 어린 아들 셋과 함께 불에 타 죽은 끔찍한 일이 일어났다.

마침 부인은 딸을 데리고 친정에 가 있었기에 죽음을 면할 수 있었다. 하지만 그것은 호의 계획적인 살인 방화였다. 호는 장월평의 아내가 딸을 데리고 친정에 가고 없는 사실을 알고는 심복을 시켜 어린 아들 셋과 깊은 잠이 든 장을 밖에서 문을 잠그고 불을 질러 이들을 죽였던 것이다.

불이 나자 깜짝 놀란 장월평은 어린것들을 데리고 문 밖으로 뛰쳐나오려 했으나 문이 잠겨 그만 꼼짝 못하고 불에 타 죽게 된 것이다.

호는 천인이 공노할 악행을 숨기고 짐짓 크게 놀라며 이들의 죽음을 슬퍼했다. 나오지 않는 눈물을 억지로 흘리며 연극을 꾸미기에 전전긍긍했다. 장의 집에서는 호의 주선으로 훌륭히 장례를 치렀다. 남편과 어린 아들 셋을 뜻밖의 재난으로 일시에 잃은 장의 아내는 하늘이 무너지는 것 같은 절망과 슬픔 속에서도 호가 얼마나 고마운지 더욱더 호가 우러러보였다.

음흉한 호는 두 모녀를 위해 위로의 말을 잊지 않았다.

"모든 것이 운명이니 슬퍼하지 마십시오. 앞으로도 전과 다름없이 계속 돌보아줄 터이니 안심하십시오."

두 모녀를 성심껏 돌보며 안심을 시켰다. 이 세상에 두 모녀가 믿을 곳이라고는 호씨밖에 없어 장의 아내는 무엇이든지 호에게 상의를 하였다.

그러던 중, 장의 딸에게 중매가 들어오기 시작하여 그때마다 호에게 의논을 하면,

"아직 나이도 많지 않은데 너무 서두르실 것 없습니다. 제가 따님 중매는 책임지고 해드릴 테니 직업적으로 하는 매파의 말에 속지 마시오."

하며 은근히 방해하곤 했지만 두 모녀는 호를 하늘처

럼 믿는 터라 아무런 의심없이 그대로 받아들였다.

그렇게 얼마가 지난 후 호는 드디어 자기의 본색을 드러냈다. 자기에게 딸을 주면 평생 남부럽지 않은 호강을 시킬 터인 즉 자기에게 달라고 했다. 장의 아내는 생각도 못한 일이라 어이가 없었지만 한마디로 거절할 처지가 못 되었다. 그동안 입은 은혜가 태산 같은지라 그 은인의 뜻을 딱히 거절할 용기가 없었다. 앞으로도 호의 신세를 지지 않을 수 없는 형편이므로 더욱 그랬다.

그러나 그 말을 들은 딸은 펄쩍뛰었다.

아버지 같은 호가 자기를 원하다니……. 영리한 그녀는 그 순간 그동안 호가 자기 모녀에게 베풀었던 모든 호의가 결국 자기를 노린 흑심에서 비롯된 것임이 간파되자 아버지와 동생들의 죽음을 의심했다.

그날 밤, 그녀는 꿈속에서 아버지를 만날 수 있었다.

"얘야, 마음이 내키지 않겠지만 호에게 시집을 가도록 하여라. 그래야만 이 아비의 뜻이 이루어지느니라."

"아버지! 그렇지만……."

할 말이 채 끝나기도 전에 아버지는 사라지고 깨어 보니 꿈이었다. 허망한 게 꿈이 아니던가. 아버지의 그 한마디를 곰곰이 생각해 보니 아무래도 무엇인지는 분명히 알 수 없으나 아버지가 현몽까지 하면서 시집을 가라 할 때에는 깊은 뜻이 있으리라 생각되어 호에게 시집을 가기로 마음을 굳혔다.

장월평의 딸은 호의 외첩이 된 뒤, 곧 아이를 낳았는데 사내아이였다. 그 아들이 역적죄로 삼족을 멸하는 화를 호씨 가문에 불러들인 장본인이 된 호유화이다. 그 호유화가 장월평의 후신이었는지 알 수 없으나 유화의 어머니인 장월평의 딸은 유화를 낳고 얼마 안되어 세상을 떠났다.

젊고 아리따운 여자를 소유하고자 하는 욕심에서 무고한 가족들을 귀신도 모르게 죽인 호는 결국 그 여인의 몸에서 난 자기 자식 때문에 온 가족이 멸문지화(滅門之禍)를 당하였으니, 호가 장월평의 사부자(四父子)를 꼼짝 못하게 가두어 놓고 태워 죽인 과보를 어김없이 받은 셈이다. 인과응보의 절대적인 법칙의 테두리에서 벗어날 수가 없는 것이다.

은밀하게 지은 죄는 은밀하게 보(報)를 받는 법이다. 남이 모르게 쌓은 공덕 역시 모르는 가운데 복을 받게 되는 것이다.

3. 관음신앙의 영험편

수도승의 부모천도

조선조 제25대 철종 7년 경상남도 양산군 통도사에 있던 한 젊은 수도승의 이야기이다.

그는 어렸을 때에 양친부모를 잃고 유리걸식하다가 어느 해 설에 통도사에 와서 섣달 그믐날을 맞게 되었다.

그가 신방(머슴이 있는 방 이름)에 있을 때였다. 밥상을 들고 헛간으로 들어가,

"아버지! 어머니! 오늘이 일년 중 대명일로 해가 바뀌는 날이온데, 불효한 이 자식은 가난하여 아직 걸식생활을 못 면하고 있어 선영에 제사를 못 올리고 있습니다. 얻은 밥이나마 응감하소서."

하며 절을 올렸다.

마침 이곳을 지나가던 성철 스님이 목격하고는,

"아! 참 기특한 놈이다. 사람이 되겠다." 하였다.

성철 스님은 감동을 받아 나중에 이 걸인 아이를 데려다 상좌로 삼고 글도 가르쳤으니 그가 후에 남봉 화상이라고 하는 훌륭한 스님이 되었다.

남봉 스님은 항상 양친부모를 모셔보지 못한 것이 한이 되어 돌아가신 영혼이라도 편안하시기를 기원하여 통도사 상노전에서 일심전력으로 축원을 올리고 부모 천도를 서원하여 '법화경'을 성심껏 쓰기 시작하여 수개월 만에 마치고 회향불공을 올리기까지 하였다.

그날 밤 남봉 스님의 꿈에 부모님이 나타나서 혼연히 치하하는 말이,

"네가 법화경을 서사한 공덕으로 우리가 모두 극락으로 왕생하게 되었구나. 우리의 자취를 알려거든 언양군 삼동골 너의 외가에 가보면 자세히 알 것이다." 하고 사라졌다.

남봉 스님은 꿈을 깨고 나서 그 이튿날 언양군 외가에 가보니 과연 외가에서 먹이던 농우가 어제 죽었고 그 이웃집에서도 농우가 죽어 버렸다는 것이었다. 그래서 스님은 그 소들이 분명히 자기 부모의 후신임을 확신하고 소무덤에 제사를 지냈다고 한다.

이렇게 '법화경'을 수지독송하면 그 공덕이 많다고 한다.

전생의 원귀

옛날에 오래 전부터 '관세음보살'을 염송(念誦)하며 공양 올리기를 지성으로 하는 한 여인이 살았다. 그런데 이 여인은 자식을 세 번이나 잃었다.

처음과 두번째 태어난 자식은 두 살이 되자 죽었고, 세번째는 태중의 자식으로 죽어 버렸다. 이렇게 끔찍한 일을 거듭 당하는 아픔을 갖다 보니 관세음보살님을 원망하는 마음까지 생겼다.

'관세음보살님이 계신다면 어이하여 나에게 이토록이나 고통을 주실 수 있단 말인가? 내가 괜한 시간을 허비했구나.'

야속하다는 마음에 관세음보살을 원망하며 울고 있는데 한 노승이 그 여인의 집 앞을 지나가고 있었다.

"어리석은 여인이여, 그렇게 애통해 하지 마오."

"자식을 잃고 비통해 울고 있는 사람에게 위로의 말은 못해 줄망정 어리석은 여자라니……."

여인은 화를 벌컥 냈다.

"그 죽은 자식은 당신의 자식으로 태어난 게 아니라 원수의 자식인 것이라오. 원수의 보복을 받은 것이오. 그러니 그렇게 울고불고 마음 아파하는 이 순간 그 원수는 춤을 추며 웃고 있는 것을 당신은 아셔야지요."

"그 자식이 원수라니 그게 무슨 말이어요?"

"당신은 3생 전에 사소한 일로 사람을 미워하여 독약을 먹여 죽인 일이 있었소. 그래서 죽은 이가 삼세(三世) 원수의 귀신이 되어서 당신을 죽이려고 여러 가지 방법을 썼지만 지성으로 당신이 '관세음보살님'을 염송하여 그 가피력으로 원귀가 뜻을 이루지 못하고 자기 스스로 죽어 갔지요. 그러나 그 원귀는 당신을 괴롭히는 일이라도 하려고 이렇게 자식으로 태어나 일찍 죽어 당신의 마음을 아프게 한 것이지요."

말을 마친 노승이 한 방향을 가리켜서 쳐다보니,

"너는 나를 3생 전에 죽인 원수."

라고 울부짖으며 원귀가 말했다.

"너는 관세음보살님을 믿고 염불한 공덕으로 낮과 밤에 선신(善神)이 항상 너를 옹호하고 있어서 나의 뜻을 이루지 못하였다. 이제 나 역시 모든 것을 포기하고 깊이 참회하겠다고 관세음보살님께 맹세하겠다."

원귀의 말을 들은 그 여자는 그때부터 더욱더 신심을 내어 관세음보살님을 염송하며 공양하기를 일심으로 하여 한평생을 안락하고 행복하게 살았다고 한다.

관음진신을 친견한 회정대사(懷正大師)

강원도 금강산은 어느 곳 하나 빠뜨릴 곳 없이 선경과 같은 곳으로 장안사(長安寺)에서 멀리 떨어지지 아니한 곳에는 송라암(松蘿庵)이란 암자가 있다.

이 송라암은 기암괴석으로 둘러싸여 있고 은가루나 옥돌가루를 튀기는 듯한 세류폭포(細流瀑布)가 흘러내려 물방울을 분수처럼 공중을 향해 뿜어내고 있어 더운 여름철이라도 더운 줄도 모르고 지내는 곳이다.

이 송라암 법당에서 새벽과 오전·오후·밤이 깊을 때까지 네 번으로 나누어 한 번에 두 시간씩 매일 8시간에 걸쳐 기도 정진을 하는 스님이 있었으니 그가 바로 회정대사라는 스님이었다. 이 스님은 나이 30고개를 넘을까 말까 하는 스님이었지만 그의 불타오르는 신념은 어디다 비할 데가 없었다. 그는 3년을 기한하고 천수경 대비주(大悲呪)를 30만독이나 외우며 기도하였다. 그가 이렇게 기도하는 소원은 꼭 관세음보살의 진신을 친견하게 해달라는 것이었다. 이 원(願)은 불자로서 견성성불(見性成佛)을 하려면 관음진신을 친견해야만이 이룰 수 있다는 어떤 노스님으로부터 들은 까닭이었다.

회정대사가 이런 발원을 하며 3년에 걸친 천일기도를 마치던 날 밤, 잠시 잠이 들었는데 점잖은 부인이 나타났다.

"네가 관세음보살의 진신을 친견하려거든 양구현(楊口縣) 방산면(方山面) 해명곡(海明谷)을 찾아가 몰골옹(沒骨翁)과 해명방(海明方)을 만나거라. 그러면 관음진신을 친견하게 되리라."

깨고 보니 꿈이었다. 그 꿈을 정확하게 믿을 수는 없으나 천일의 긴 시간을 기도의 정성을 드리고 얻은 꿈이라 회정대사는 바랑을 싸서 걸머지고 홀가분한 마음으로 양구현을 찾아 나섰다.

천신만고 끝에 양구현을 찾아 그 마을 촌민들에게 물었다.

"여보시오. 해명곡으로 가자면 어디로 가면 됩니까?"

"해명곡은 무주 구천동과 같아 사람이 살고 있지 않고 신선들만 살고 있는 깊은 골짜기인데 스님은 무슨 일로 그런 곳에 가시려고 합니까?"

"사람에 따라 볼일이 다르지 않습니까? 저는 중의 몸이니까 깊숙한 골짜기에 들어가 공부하여 대도를 깨치려고 그러지요."

"먹기는 무엇을 먹고 입기는 무엇을 입으며, 그 쓸쓸한 무인지경에서 어떻게 혼자 살려고 하십니까?"

"중이란, 본래 채근목과(菜根木果)로 양식을 삼지요. 송락(松落)과 초의(草衣)로써 의복을 대신하고 바위굴에 염불당을 지어 지저귀는 산새로 벗을 삼는 생활인데 거치적거릴 무엇이 있겠습니까?"

"과연 도승의 말씀이오. 그런 마음으로 산으로 들어간다면 두려울 것도 괴로울 것도 없을 겁니다. 나는 가보지 않았소만 이 골짜기로 한없이 들어가면 해명 곡이 나온다고 하니 자꾸 걸어가 보시지요."

회정대사는 혈기가 왕성한 젊은 몸이라 그 촌민이 가르쳐 주는 대로 좌우도 돌아보지 않고 마냥 걸어서 들어갔다. 길 옆으로 낙락장송이 줄지어 서 있고, 시냇물이 콸콸 소리를 내며 맑게 흘러내리는 계곡이 굽이굽이 감돌고 있어 깊게 들어갈수록 경치가 아름다웠다.

한참을 걸어 올라갔더니 산등성이에 조그만 오막살이 한 채가 눈에 들어왔다. 그 오두막집에서 남자 노인 한 분이 관솔불을 피워놓고 부엌에서 도끼로 장작을 패고 있었다.

"할아버지, 혹시 몰골옹 할아버지가 아니신가요?"

"어디서 오는 중이기에 이렇게 저물게 왔으며 또 나의 이름은 어디서 듣고 왔소?"

"소승은 금강산 송라암에 있는 중이온데 그곳에서 어떤 부인이 할아버지를 찾아가 뵈라고 꿈에 일러주어서 이렇게 찾아오는 길입니다."

"그렇다면 나를 만나보러 온 목적은 무엇인가?"

"소승이 관음보살의 진신을 친견하기를 발원하며 기도한 것이 천일이랍니다. 기도를 마치던 날 꿈에 어떤 부인이 나타나서 관음진신을 친견하려거든 양구현 해명곡을 찾아가서 몰골옹과 해명방을 만나뵈라고 해서 이곳을 찾아왔는데 할아버지가 꼭 몰골옹 노인인 것만 같아서 이렇게 묻는 것입니다."

"관음보살을 친견하려면 나와 해명방을 찾아야 된다고 하더란 말이지? 그 여인이 알기는 바로 아는구먼."

"해명방 어른은 어디 계십니까?"

"저기 보이는 산 너머에 계시지. 오늘은 늦었으니 여기서 자고 내일 아침에 떠나도록 하여라."

그러면서 회정의 바랑을 방 안에 던지고는 들어가라고 했다. 회정은 노인이 시키는 대로 방에 들어가서 앉아 있으니까 노인이 도토리범벅 같은 것을 가지고 들어왔다.

"여기는 깊은 산골이라 이것밖에 없으니 이것이라도 먹고 자거라."

그제서야 회정이 그 노인을 자세히 살펴보니 연세가 80을 넘어 보이는데 근력은 건강하게 보이나 더럽기가 한량이 없었다. 얼굴은 언제 씻었는지 분간하기가 어렵고, 의복 역시 언제 빨아 입었는지 꾀죄죄하게 땟국이 줄줄 흘러 보이고, 손발도 언제 씻었는지 한없이 불결해 보였다. 그 모습을 보고 나니 도토리묵이 목에 넘어갈 것 같지가 않았으나 워낙 배가 고파서 먹어치웠다.

회정은 피곤한 몸을 눕혀 한숨 자고 깨어보니 벌써 해가 돋아 있었다.

노인은 밖에서 도토리범벅을 만들고 있었다.

"젊은 사람이 웬 잠을 그렇게 자느냐? 빨리 일어나 세수하고 조반 먹을 차비를 하거라."

회정이 급히 일어나 방문을 열고 나갔더니 벌써 나뭇가지에 세숫물이 놓여 있었다.

"네가 해명방을 찾아가겠다고 하였지?"

"예, 그랬습니다."

"해명방을 찾아가려거든 저기 보이는 저 앞산을 넘어가거라. 갈림길도 없으니 저 산봉우리만 넘어가면 될 것이다."

"할아버지, 감사합니다. 하룻밤 신세를 지고 갑니다."

"신세라니 무슨 신세냐? 네 볼일이나 잘 보고 가거라."

"감사합니다. 할아버지, 안녕히 계십시오."

회정은 바라다보이는 산봉우리를 넘어서 으슥한 골짜기로 내려갔다. 과연 '별유천지 비인간(別有天地非

人間)이로구나' 하고 감탄하며 내려갔다. 한참을 가다 한 곳을 보니 새풀로 지붕을 이은 삼간초막이 하나 보였다.

'아, 저곳이 해명방의 집이로구나.'

생각하며 싸리문 밖에 서서 소리쳤다.

"주인어른 계십니까? 주인어른 계십니까?"

"누구세요?"

한 20세 가량 될까? 처녀 한 사람이 나오는데 어찌나 인물이 예쁜지 천하의 일색이었다.

회정으로서는 처음 대하는 미인이었다.

"저, 남녀가 유별하여 말씀드리기는 미안합니다만 해명방 어른을 좀 뵈려고 찾아왔는데 계십니까?"

"해명방은 우리 아버지이신데 아침에 일찍이 산으로 나무하러 가시고 지금은 아니 계십니다."

"언제쯤이나 돌아오실까요?"

"점심 때가 되면 돌아오실 것이니 마당으로 들어오셔서 저 봉당의 툇마루에 앉아서 기다리시지요."

"그럼 실례하겠습니다."

이리하여 회정은 싸리문 안으로 들어가서 봉당 마루에 바랑을 벗어놓고 앉아 기다렸다. 집 안을 죽 둘러보니 몰골옹의 집과는 정반대로 깨끗하기가 선경과 같았다.

"보아하니 스님이신 것 같은데 어찌하여 우리 아버

지를 찾아오시었습니까?"

"그것은 아버지를 뵈어야 말을 할 수 있습니다."

"아버지가 나요, 내가 아버지나 마찬가진데 그렇게 말 못할 것 있나요? 대관절 스님은 어느 절에서 오셨습니까?"

"나는 본디 금강산 장안사 중인데 근년에는 송라암에 있다가 관세음보살의 진신을 뵙고 싶어서 여기까지 찾아온 것입니다."

"신심이 참 장하십니다."

"그렇게 말하니 부끄럽군요. 어쩌면 공연한 망상이겠지요."

"망상이라도 지극하면 진심으로 변할 수도 있는 것이니 꼭 망상이라고만 할 수도 없지요. 그런데 스님의 이름은 무엇입니까?"

"나의 이름은 회정이라고 합니다. 규수의 이름은 무엇입니까?"

"여자가 무슨 이름이 있나요?"

"여자라고 어찌 이름이 없겠습니까?"

"아버지께서 보덕(普德)이라고 지어주셔서 남들이 보덕각시라고 부르지요."

"보덕각시, 참 좋은 이름이군요. 그런데 해명방 어른을 뵈면 관음진신을 친견할 수 있을까요?"

"그것은 아버지가 오셔 봐야지요. 제가 어찌 알 수

가 있겠습니까?"

"여기까지 찾아온 보람이 있어야 할 텐데요."

"제가 스님에게 미리 알려드립니다만, 우리 아버지는 아주 무서운 어른이시라 아무 까닭없이 남과 싸우고 다투기를 좋아하십니다. 그런 즉 우리 아버지가 돌아오셔서 스님에게 무슨 횡포를 하시든 간에 말대꾸를 하지 말아야지 불연이면 스님이 관음보살의 진신은커녕 가신(假身)도 보지 못하고 목숨까지 빼앗기고 말 것이니 어떤 횡포를 부리든 간에 참고 복종하십시오."

보덕각시가 조금도 스스러움이 없이 잘하여 주는데 그의 입에서는 말할 때마다 향냄새가 풍기고 있었다. 회정은 해명방에 대해 공포심이 생겨 얼떨떨해 있는데 그때 해명방이 나무를 태산같이 짊어지고 싸리문 안으로 들어왔다. 키가 구 척이나 되고 얼굴은 험상궂어 사나워 보였다.

보덕각시와 회정이 일어나서 인사를 하여도 해명방은 회정을 흘겨보고는,

"너는 어떤 놈인데 규수만 혼자 있는 남의 집에 들어와 있는 거냐?"

하며 고함을 지르더니 작대기로 보기 좋게 회정의 정갱이를 후려갈겼다.

회정은 보덕각시에게 들은 바가 있으므로 아픔을

꾹 참았다.

"소승이 잘못하였습니다. 용서하십시오."

"이놈, 용서고 뭐고 썩 나가거라. 보아하니 중놈 같은데 중놈이 남의 집 안엘 함부로 들어오는 법이 어디 있더냐?"

노발대발하여 욕설을 퍼부었다.

옆에 있던 보덕각시가 보다못하여 말했다.

"아버지! 그 스님은 아무 잘못이 없어요. 제가 들어오라고 했어요. 아버지를 찾아온 손님인데 어떻게 문 밖에서 기다리라고 할 수가 있어요?"

그래도 해명방은 회정을 흘겨보더니 말하였다.

"너는 어느 절에 있는 중놈인데 나를 보려고 찾아왔느냐?"

"저는 금강산 장안사에 있는 송라암에서 천일기도를 마치고 관음진신을 친견하려고 이곳을 찾아왔습니다."

"이놈아, 다른 사람은 만일기도를 하여도 관음보살의 진신을 볼까말까 하는데 겨우 천일기도를 해 가지고 관음진신을 보겠다고? 어서 돌아가서 만일기도라도 하고 오너라. 보기 싫으니 어서 나가거라."

해명방은 회정의 팔을 잡고 발길로 엉덩이를 찼다. 회정은 어떠한 핍박이라도 받을 결심을 하고는 문 밖으로 내치면 기어 들어가곤 하며 애걸하였다.

"소승이 업장이 두텁고 죄가 많사오니 업장을 벗겨 주시고 죄를 녹여주시옵소서."

"그 놈이 끈기가 꽤 질긴 놈이구나. 네가 관음의 진신을 친견하려면 저 보덕각시와 오늘 혼인을 해야 될 것이니 그렇게 하겠느냐?"

"소승은 출가한 비구의 몸인데 어찌 파계를 하고 장가를 들라 하십니까?"

"이놈아, 그렇다면 관음진신 친견은 다 틀렸다. 어서 내 집에서 썩 나가거라."

이때 회정이 보덕각시를 쳐다보니 눈짓을 하며 거역 말고 순종을 하라는 표정이었다. 회정은 이 몸이 있어야 관음진신이라도 친견하지 이 몸이 죽고 나면 누가 관음진신을 친견할 것이냐는 생각이 들었다.

"해명방어른께 잘못하였습니다. 무슨 말씀이든지 다 복종하겠습니다."

회정은 말은 그렇게 하였으되 내가 잘못 찾아온 게 아닌가 하는 후회도 있었다. 해명방은 그의 딸 보덕각시에게 마당을 잘 쓸고 거적을 펴고 물 한동이만 갖다가 거적 가운데 놓으라고 했다. 보덕각시가 시키는 대로 하자 해명방은 회정과 보덕각시를 물동이를 가운데 두고 서로 마주보고 서게 하고는 절을 아홉 번씩 하게 했다. 그리고 오늘 밤부터는 저 삼간초막집 맨 윗방에 들어가서 신방화촉의 절차를 치르라는 것이었다.

회정은 해명방의 압력에 억눌려 복종을 하기는 하였으나 너무도 뜻밖의 일이라 자신이 성인을 찾아온다는 것이 악마인 마귀의 굴로 찾아온 것만 같았다.

회정은 보덕각시가 지어주는 밥을 먹고 윗방에 들어가서 보덕각시를 보고 답답한 듯 물었다.

"이것이 어인 일이오? 내가 꿈을 꾸는 것만 같구려."

"나도 모르지요. 아버지가 시키는 대로 복종할 뿐이니까요."

회정은 자포자기에 떨어져서 만사가 될대로 되라지 하는 심정으로 모든 것을 다 포기했다. '이것도 모두 운명의 작희겠지. 또 전생 인연의 소치겠지' 생각되어 신방에 들어가서 보덕각시와 한 이불 속에 들어갔다. 그리고 보덕각시의 아래를 만져본 즉 생식기가 제대로 생기지 못한 불구자였다. 겨우 소변만 볼 수 있는 그녀였다. 회정은 '이 여자가 병신이니까 나를 윽박질러서 장가를 들게 했구나' 하는 생각이 들어 불행 중 다행이라 여겼다.

그리고 보덕각시가 측은하게 생각되었다.

하룻밤을 자고 날이 새자 해명방은 조반을 먹고 자기를 따라 산으로 나무하러 가자고 했다. 회정은 아무 말도 못하고 지게를 지고 산으로 가서 나무를 해왔다.

하루는 이 나무를 지고 장으로 가서 팔아 가지고 좁쌀을 사오라고 했다. 이곳에서 이름있는 장터까지는 50리나 되는데도 회정은 아무 말도 못하고 해명방이 시키는 대로 장에 가서 나무를 팔아 좁쌀을 사왔다.

이렇게 이곳에서 회정은 매일같이 산에 가서 장작나무를 해와서는 그것을 도끼로 패서 이틀이나 사흘에 한 번씩 장에 가서 쌀을 사온다거나 생활에 필요한 필수품으로 바꿔 와야 했다.

회정은 이렇게 날마다 해명방을 따라 산에 가 나무를 하면서도,

"빙장어른, 관음진신 친견은 언제나 하게 됩니까?"

하고 물으면,

"그러한 성현을 친견하는 것이 그렇게 쉬운 일인 줄 아느냐. 여기서 한 십 년은 살아야 뵈올지 말지이다. 딴 생각 말고 나와 같이 나무장사나 하고 살아가자."

하는 것이었다.

어느 날 회정은 더 이상은 참고 살 수가 없었다.

"빙장님! 저는 오늘 고향엘 갔다 와야겠기에 길을 떠나야 되겠습니다."

"왜 백 년이나 살 것 같더니 별안간 떠난다고 하느냐?"

"저도 그렇게 쉽게 떠날 생각은 아니었는데 이 생활이 너무 울적하여 고향 생각이 나서 가보려고 합니다."

"그렇다면 가보아라. 몰골옹인가 누구인가 하는 늙은이가 공연히 너에게 이곳을 가르쳐 주어 네가 어수선하게 왔다갔다하며 소란만 피우게 하였구나."

해명방은 몰골옹을 나무랬다. 회정은 짐을 챙겨 들고 보덕각시에게 인사를 하였다.

"여보 보덕각시, 나는 오늘 떠나겠소."

"잘 가십시오. 먼 길에 몸 조심하셔요."

애처로운 표정 하나 없이 너무나 담담하게 말했다.

그러나 회정은 막상 떠나려고 하니 그녀의 아리따운 인물과 해박한 지식, 고상한 태도가 너무 인상적이어서 발이 쉽게 떨어지지가 않았다. 그러나 한평생을 산골에서 자식 하나 없이 나무장사만 해먹다가 일생을 마칠 것을 생각하니 안타까워서 떠나려고 결심한 것이었다.

"보덕각시! 또 생각이 나면 돌아오겠소. 그동안 아버님 모시고 잘 있어 주시오."

"내 걱정은 하지 말고 잘 가세요. 다시 찾아오지 않아도 좋으니까 세상으로 돌아가 참한 여자가 있거든 장가들어서 유자생녀하고 잘 사세요."

보덕은 눈물 한 점 흘리지도 않았다. 회정은 '참 이

상한 여자도 다 있다. 내가 귀신에게 홀렸다 가는 것인가?' 이상한 생각이 들었다.

회정은 이왕 밖으로 나가는 길이니 몰골옹 영감을 찾아보고 인사나 하고 가리라 생각하고 재를 넘어 몰골옹 영감의 집을 찾아갔다.

"그래 해명방은 찾아보고 관음보살의 진신도 친견하였느냐?"

"해명방은 뵈었지만 관음진신은 친견하지 못하고 갑니다."

"이 박복한 중아! 그 해명방이라는 이는 보현보살이요, 그의 딸이라고 하는 보덕각시가 관세음보살의 진신인데 그녀와 부부가 되어 47일이나 같이 한방에서 지내고 가면서도 관음진신을 못 보고 간다고 하느냐, 이 못난 것아."

회정은 깜짝 놀라 물었다.

"그렇습니까? 그러면 할아버지는 누구십니까?"

"나는 너에게 길을 인도한 문수보살이지."

회정은 환희심을 내서 무수히 몰골옹에게 예배를 하고 다시 앞산을 넘어 보덕각시의 집을 찾아갔더니, 해명방도 보덕각시도 온데간데 없고 초가삼간도 보이지 않았다. 다만 빨래를 빨던 개천과 나무 패던 마당만 있을 뿐이었다.

"보덕각시! 보덕각시!"

소리쳐 불러봤으나 물 흘러가는 소리와 바람소리뿐 보덕각시는 흔적이 없었다.

'죄의 업장이 두터워 보현 관음의 두 성현을 한 달 이상이나 모시고 지내고도 그 정체를 몰랐구나.'

회정은 자기 가슴을 치며 통곡을 하였다. 떨어지지 않는 발걸음을 옮겨 산을 넘어 몰골옹 노인을 다시 찾아갔더니 몰골옹도 오두막집도 어디로 갔는지 사라지고 낯익은 검은 바위만 있을 뿐이었다. 회정은 성현의 조화가 이런 것인가 하고 빈 터를 향하여 절만 하였다.

다시 송라암으로 돌아와 백일 동안 관음기도를 시작하였다. 또다시 보덕각시를 만나보겠다는 일념으로 ……. 회정이 정성을 다하여 백일기도를 마치는 날 밤이었다. 법당에서 나와 뒷방에서 잠이 들었는데 전날과 같이 귀부인이 나타났다.

"이 천치야. 관음보살과 47일이나 동거하게 해주었는데도 눈치를 채지 못하고 뛰쳐나와서 또 만나게 해달라는 거냐. 내일 아침 만폭동(萬瀑洞)으로 올라가면 관음보살의 진신인 보덕각시를 만날 수 있을 테니 그리 알아라."

깨어보니 꿈이었다.

회정은 아침을 먹는 둥 마는 둥 하고 만폭동으로 올라갔다. 멀리서 보니까 소복을 한 젊은 여자가 폭포

가 흘러가는 바위 위에서 머리를 감아 빗고 앉아 있
지 않은가? 가까이 가서 보니 틀림없이 보덕각시였
다. 회정이 너무 반가워,

"보덕각시!"

하고 소리를 치며 손목을 잡으려 하니 사람은 온데간
데없고 이상한 오색빛의 날개를 가진 새 한 마리가
날아가고 있었다. 새가 날아가는 방향으로 쫓아갔더
니 이번엔 새도 온데간데가 없고 폭포수가 흐르다가
고여 있는 돌반석의 숲이 있는데 그 속을 들여다보니
보덕각시가 높은 언덕 위에 서 있는 모습이 물 속에
비쳤다.

　회정이 고개를 들어 위를 쳐다보니 그 언덕에 굴이
하나 있는데 보덕각시가 그 굴 앞에 서서 올라오라고
손짓을 했다.

　회정이 기어 올라가니 보덕각시가 빙긋이 웃으며,

"이 험한 곳을 올라오시느라고 수고하셨습니다. 지
난번 해명곡에서 나와 함께 47일이나 한 이불 속에서
서로 끌어안고 잠을 자고 지냈으니 그 인연은 백겁
천겁에 다시 만나기 어려운 인연입니다. 그때의 해명
곡에서 아버지라 부르던 해명방은 보현보살의 화신이
시고, 몰골옹 노인은 문수보살의 화신이시며, 스님은
신라 때에 이 굴 속에서 공부하시던 보덕대사의 후신
입니다. 그러므로 이 석굴 속에는 스님이 공부하실 때

에 사용하던 경책과 불기 · 촛대 · 향로 등 유물이 그대로 남아 있으니 들어가서 찾아보십시오. 스님이 이곳에 오래 계시면 내가 종종 현신을 할 터이니 그리 아시고 스님은 이곳에서 수도나 잘하고 계십시오."
하고는 인홀불견으로 없어지고 말았다. 회정이 그 굴 속으로 들어가서 찾아보니 과연 경책과 향로 · 다기 등의 유물이 남아 있었다.

회정대사는 바위 위에 '상주진신 관자재 보덕(常住眞身 觀自在 普德)'이라 새겨놓고 그 앞에 초암을 짓고 3백일 동안이나 관음기도를 하였다 한다.

염불공덕으로 지옥고를 면하다

조선조 제4대 세종 때 함경북도 길주에 이호성(李浩成)이란 사람이 있었다.

그가 쉰일곱 되던 해의 일이다.

어느 날 밤 꿈에 죽은 지 이미 10년이 넘은 그의 부인이 나타나 동창 밖에서 그를 불렀다.

"여보 영감! 벌써 주무세요? 깨어 있거든 내 말을 좀 들으시오."

이호성이 놀라 벌떡 일어나 밖을 내다보았으나 아무것도 보이지 않았다.

"게 누구요?"

"나를 모르시겠소? 10년 전에 당신과 같이 살다가 죽은 당신의 아내예요."

이 소리를 들은 이호성이 아무리 둘러보아도 형체는 보이지 않고 공중에서 소리만 들릴 뿐이었다. 이호성이 다시 물었다.

"아니, 죽은 지 10년이 넘었는데 당신이 어찌하여 나를 찾아왔단 말이오?"

"당신에게 부탁할 말이 있어 찾아왔으니 내 부탁을 들어주세요."

"그 부탁이 무엇이오?"

"내가 죽은 지 벌써 10년이 다되었으나 죄의 심판이 끝나지 않아 당신을 기다리고 있답니다. 내일 아침이면 저승사자들이 당신을 잡으러 올 테니 당신은 이제 집 안에 향불을 피우고 서쪽 벽에 '아미타불'의 글자를 써서 붙이고 서쪽을 향해 앉아 이 밤이 새도록 '아미타불'을 암송하세요."

"당신이 하라는 대로 하겠으나 염라대왕이 대체 왜 나를 잡아간단 말이오?"

"여보, 영감! 내 말 좀 들어보세요. 우리집 이웃에 사는 여(呂)씨가 매일 아침마다 서쪽을 향하여 108번씩 절을 하고 매달 초하루, 보름날이면 향을 피우고, '아미타불'을 염하며 천 번씩 절을 하였지요. 그런데 그렇게 염불하고 절을 하는 여씨를 우리 내외는 미친 사람 취급을 하며 흉을 보고 미워하지 않았소?

그리고 부처님을 불신하고, 삼보를 비방하며, 스님네를 욕하고, 살생하기를 좋아하며 술 마시기를 즐기고, 거짓말하기를 예사로 여겼지요. 그 죗값으로 내가 먼저 잡혀왔으나 당신을 잡아와야만 심판을 마치고 무간 아비지옥으로 보낸다고 하니 이런 불행한 일이 어디 있겠어요? 우리의 죄가 이러하니 내가 시키는 대로 염불을 지성껏 하여 지옥의 고통을 면하도록 합시다."

여씨 부인은 이 말을 남기고 사라졌다.

그리하여 이호성은 그 말을 명심하여 부인이 시키는 대로 그날 밤부터 당장 '아미타불'의 염불을 창호지에 써서 서쪽 벽에 걸어놓고 향로에 불을 사르고 지성으로 '아미타불'을 염불했다.

그 이튿날 새벽 다섯 명의 저승사자가 홀연히 이호성의 집에 왔다. 그들은 먼저 이호성의 집을 돌아본 뒤에 먼저 '아미타불'이라 써놓은 벽을 향해 절을 하고는,

"당신의 명이 다하여 우리는 염라대왕의 명으로 당신을 잡으러 왔소이다. 그런데 당신이 도량 청소를 깨끗이 하고 불단을 차려놓고 단정히 앉아 염불을 하고 있으니 정식으로 결박을 지어 끌고 갈 수는 없으나 염라대왕의 명령을 어길 수도 없는 터라 저승까지 아니 갈 수도 없는 일이니 어서 행장을 차리시오."
하자 다른 저승사자가 앞으로 나서며 말했다.

"염라대왕이 명령하시되 엄중하게 묶어 오라고 하셨는데 묶지 않고 데리고 가면 어쩐단 말인가?"

"우리들이 꼭 명령대로 남의 혼신을 혹독하게 다루고, 선도를 닦지 못한 죄로 지금까지 이 귀신보를 받고 있지 않소? 그러니 우리가 죽을 죄를 받더라도 감히 염불하는 사람을 묶을 수는 없지 않겠소?"

그러자 처음의 저승사자가 흔쾌히 말했다.

"비록 그대가 지은 죄가 태산 같을지라도 염불을 하고 있는 것을 우리가 보고 들었으니 염라대왕께 잘 사뢰어서 다시 인간으로 태어나게 해줄 테니 슬퍼하지 말고 행장을 꾸리시오."

이에 이호성은 안심하고 명부에 들어가니 염라대왕이 대노하며 차사자들을 꾸짖었다.

"급히 잡아오라 했거늘 어찌 이렇듯 늦었느냐? 더욱이 죄인을 묶어 오지 않은 것은 어찌 된 일이냐?"

저승사자들은 이호성의 집에서 보고 들은 대로 아뢰었다.

"전에는 무슨 죄를 지었든 간에 지금은 염불을 하고 있는 행자를 묶어 올 수 없어 그저 붙들고 왔습니다."

이 말을 들은 염라대왕은 기뻐하며 일어나 이호성을 영접하였다.

"일찍이 그대들이 이웃 노인 여씨의 염불하는 것을 비방하고, 욕설하고, 삼보를 욕하며 또한 스님네를 미워하고 살생과 망어와 음주를 하여 사람을 괴롭게 한 죄로 먼저 그대의 아내 김씨를 잡아 가두고 나서 다시 그대의 수한(壽限)을 기다려 잡아다가 문초하고 매질한 뒤 무간지옥으로 보내려고 하였는데 사자들에게 들으니 그대들이 이미 개심하여 참회하고 지성으로 염불을 한다 하기에 모든 죄를 용서하노라."

염라대왕은 이호성 부처를 다시 인간으로 보내어

30년을 연장시켜 주라고 판관에게 명령했다.

"이호성 내외가 먼저는 남의 염불하는 것을 비방하고 삼보를 공경하지 않은 큰 죄를 지었기에 무간지옥으로 보내려 하였더니 그간에 개심하여 염불을 지성껏 하여 죄를 소멸하였으니 다시 연명을 시켜 인간으로 돌려보내려고 하니 판관이 알아서 처리하라."

그러자 판관이 아뢰었다.

"이호성은 시신이 있으므로 다시 환생할 수가 있으나 김씨는 육체를 버린 지 이미 10년이 지났으므로 시체가 다 썩어 없어졌으니 김씨의 혼을 어느 곳으로 보내오리까?"

"그것도 그렇구나. 난처한 일이로다."

이때에 이호성이 재빨리 말했다.

"소인이 집을 떠나올 때 길주의 원님인 성주의 딸이 스물한 살인데 명이 다하여 죽었으므로 그 시체가 아직 그냥 남아 있는 줄 아옵니다. 그런 즉 김씨의 혼을 그의 시체로 돌려보내 주시면 좋을까 하나이다."

이 말을 들은 염라대왕도 기뻐하며 다시 명하였다.

"네가 나가거든 이웃의 여씨 노인을 부모와 같이 섬기고 일심으로 염불을 잘하도록 하여라. 여씨는 3년을 더 산 후, 서방에 계신 아미타불이 연화대로 영접하여 이곳에 들르지 않고 바로 서방 극락세계로 왕생하리라."

이리하여 이호성은 죽은 지 사흘 만에 깨어났다.

집안 사람들이 자기 시체를 관에 넣어 장사를 지내려 하고 있던 참이었다. 이호성이 다시 살아나자 모든 집안 사람들이 기뻐 어찌할 바를 몰라하였다.

한편 이호성의 부인인 김씨는 길주 성주의 딸에게 의탁되어 되살아나게 되었는데 딸이 되살아났다고 기뻐하는 성주와 그의 부인에게 자초지종을 설명하였다.

"나는 10여 년 전에 이 세상을 떠난 이호성의 처로 염라대왕의 심판을 받고 다시 인간으로 돌아오게 되었으나 의거할 곳이 없어 따님의 몸을 빌었으니 친딸같이 여기시어 이호성에게 시집보내 주소서."

성주 부인은 어이가 없었으나 원래의 친딸이 아니라도 죽어 없어진 것보다는 낫다고 생각되어 김씨의 말대로 해주었다.

이에 이호성 부처는 오래도록 장수하면서 지성으로 염불하였다고 한다.

어사와 소년

암행어사로 이름을 떨친 어사 박문수(朴文秀)는 조선조 제21대 영조 때 사람이다.

암행어사란 전국 각 지방의 행정과 백성들의 형편을 몰래 살펴서 바로잡는 사람을 일컫는다. 또한 임금의 권한을 대행하는 절대적인 권리를 가지고 있었다.

어느 날 어사 박문수가 지방의 민정을 살피려고 암행의 길을 떠나 전라도 지방을 순찰하다가 장성(長城) 고을 어느 농촌에 이르렀다. 날은 저물고 배가 고파 견디기가 어려운 곤경에 처했다. 이집 저집 문간을 기웃거리다가 어느 집 문앞에 서서 하룻밤 묵어 갈 것을 청하였다. 사립문을 열고 나온 열댓 살 먹어 보이는 소년이 기운없는 표정을 하면서 말하였다.

"아이고 손님, 참 죄송합니다. 저는 어머님 한 분을 모시고 살아가는데 빈곤해서 실로 끼니 분별을 제대로 못하고 있습니다. 그러니 다른 집으로 가시는 것이 좋겠습니다. 다른 집으로 가서서 도움을 청해 보십시오."

"얘야, 내가 잘 먹으려는 게 아니다. 지금 몹시 허기가 져서 걷기가 불편하구나. 물이라도 좀 먹었으면 살 성싶다."

"그러면 잠깐만……."

소년은 안으로 들어갔다 조금 후 나오더니,

"손님! 들어오시지요."

하며 박어사를 사랑으로 안내하였다. 박어사가 방에서 몸을 풀려고 앉아 있으니 어머니와 그 아들의 이야기하는 소리가 도란도란 들려왔다.

"어머니, 손님이 대단히 허기가 져 있으니 시렁 위에 있는 쌀로 밥을 지어주세요."

"애야, 네 마음은 갸륵하다만 너의 아버지 제사를 어찌 지내려고?"

"그러나 어머니, 지금 당장 배고픈 사람을 그대로 둘 수는 없지 않습니까?"

소년은 어머니와 상의하더니 밥을 지어 오는 것이었다.

박어사는 밥을 맛있게 먹은 후에 뭔가 사연이 있는 듯하여 소년에게 그 쌀에 대해 물었다.

"손님, 아무 일도 아닙니다. 손님께서 아실 일이 아닙니다."

그러면서 밖으로 나가려고 하기에 얼른 소년의 팔을 잡아 앉히고는 물었다.

"내 대강은 들어서 알고 있으니 자세히 말해 보아라."

소년은 잠시 머뭇거렸다. 그런 후에 얘기를 하였다.

"대단히 부끄럽습니다마는 그 쌀은 아버지 제사 때 쓰려고 아껴 둔 양식인데 손님께서 허기져 고생하시기에 어머니와 상의하여 밥을 지은 것입니다."

소년의 말을 들은 어사는 그가 하는 짓이 하도 착하고 모자의 살림 형편이 가련하게 여겨졌다.

"얘야, 네 성이 무엇이냐?"

"네, 고령(高靈) 박가입니다."

어사와 소년이 이야기를 나누고 있을 때, 밖에서 도령(소년)을 찾는 소리가 거칠게 들렸다.

소년은 이내 풀기없는 기색으로 고개를 수그리는 것이 아닌가.

"얘, 무슨 일로 그러니?"

"다름이 아니오라, 어머니께서 저를 장가보내려고 윗마을에 사는 김좌수댁 처녀에게 청혼을 하였더니 그것이 욕이 된다 하여 날마다 저를 데려다가 매질을 하고 욕을 보입니다. 저에게도 아버지만 계셨다면……."

소년은 눈물을 글썽이며 말했다.

그 말을 들은 어사는,

"여봐라, 나는 이 도령의 삼촌인데 오늘은 내가 갈 터이니 함께 가자."

하고 나서서 좌수댁으로 들어섰다. 그리고는 마루 위에 앉아 있는 김좌수 곁에 바싹 다가앉으며 담뱃대로 턱을 곤대질하며,

"그래, 내 조카아이로 말할 것 같으면 양반의 자손으로 문벌은 그대보다 훨씬 나으며 흠이 있다면 가난한 것이 흠이지, 무엇이 그대만 못한가? 싫으면 그냥거절할 일이지 어찌하여 권력 행세로 날마다 소년을괴롭히는가?"

하며 따지니 김좌수는 그만 분이 나서 하인을 보고,

"이 놈들아, 소년을 데려오랬지 언제 이런 놈을 데려오라고 했느냐?"

하면서 고함을 치는 것이었다.

그때 박어사가 허리춤에서 마패를 꺼내 좌수의 눈앞에 들이대었더니 금새 얼굴이 노랗게 변하여 맨발로 마당에 뛰어내려가 엎드려서 백배 사죄를 하였다.

그런 모습을 보인 좌수에게 어사는,

"내 청이 하나 있는데 그대의 딸을 내 조카와 혼인을 시키고 싶은데 그대의 생각은 어떤가?"

하고 말하니 그는 몹시 기뻐하였다.

"그러면 날짜를 3일 후로 정하고 그날 모든 잔치는자네 집에서 준비하도록 하라."

김좌수는 흔쾌히 응낙하였다.

박어사는 그 고을 원에게 찾아가 전후 사실을 이야기하고 그 소년이 장가가는 데 협조를 부탁하였다.

3일 후 혼례날, 관복차림의 어사와 각 고을 원들이신랑과 함께 좌수의 집에 들어서니 좌수집에서는 몹시 기뻐하고, 마을사람들도 모두 부러워하였다. 대례가 끝나고 잔치가 시작되어 한참 흥이 익을 때, 어사가 좌수에게 물었다.

"여보, 마음이 어떠하오? 내 조카가 좌수의 사위됨이 꼭 마땅하지요?"

좌수는 황송하여 머리만 조아릴 뿐이었다.

"그런데 여보시오, 사람이란 먹어야 사는 법인데 댁에서 먹고 살 것을 떼어주심이 어떠하오?"

좌수는 두말 않고 살림의 반을 떼어주겠다고 했다.

소년은 아버지 제사를 모실 양식으로 허기진 한 나그네에게 밥 한 그릇을 대접하고 이렇게 큰 복을 얻었으니 참(眞)으로 지은 보은(報恩)의 산 진리를 깨친 것이다.

보시의 공덕이란 이처럼 큰 것이기에 하나를 시주하면 만배를 얻는다고 하였나 보다.

절을 중수하고 과거 급제하다

조선조 영조 때의 일이다.

함경남도에 강진석(姜珍石)이란 선비가 한양으로 과거를 보러 가다가 개성 북쪽 산마루 한 조그마한 암자에서 하룻밤 묵어 가게 되었다.

가난한 선비인지라 가지고 갔던 잡곡으로 밥을 지어 막 먹으려다가 보니 부처님께서 보고 계신지라 이왕이면 부처님께 올리고 먹는 게 도리일 것 같아 단 위에 올려놓았다. 늠름하게 앉아 계시는 부처님의 입가엔 잔잔한 미소가 감돌았다. 단 위에 올려만 놓고 있자니 멋쩍어서 넓죽 절을 하며 말했다.

"부처님! 저는 한양으로 과거 보러 가는 선비입니다. 저를 보살펴 주시와 꼭 합격하게 하여 주십시오. 제가 합격만 하면 이 허물어진 절을 보수하여 부처님을 편하고 좋은 곳에 모시겠습니다."

이렇게 절하며 밥을 먹게 되니 뭔가 마음이 흐뭇해 왔다.

이튿날도 어제와 같이 부처님께 공양을 올렸다. 그리고는 서울로 과거를 보러 갔으나 불행히도 그는 낙방하고 말았다. 집으로 돌아오는 길에 또 그 암자에서 하룻밤을 묵게 되었다. 부처님을 쳐다보니 화가 났다.

'전날 내가 그렇게 애절히 기도하였건만……'

원망하는 마음을 갖고 부처님을 쳐다보니 전날의 늠름하고 인자한 모습은 온데간데없고 시봉드는 이 없는 낡은 암자에 계시는 부처님의 모습이 초라하기 짝이 없었다.

"그렇게 높은 자리에 앉아 남의 밥만 냉큼 잡수시고는……"

원망에 찬 말을 잔뜩 늘어놓아도 속이 시원치가 않았다.

밤이 되어 잠을 자는데 웬 금빛 갑옷을 입은 신장이 큰 칼을 짚고 서서는,

"이 놈! 누가 밥을 먹었단 말이냐. 네가 밥을 지어 혼자 먹기 미안해서 올려놓고 하소연을 하였을 뿐이지 언제 네가 지나가는 사람 밥 한 숟갈 준 일이 있느냐? 무슨 공덕을 지었다고 큰소리냐!"

하며 도리어 호통을 치는 게 아닌가? 깨어나서 생각해보니 이십 여 년 살아오면서 좋은 일 한 적이 없었다.

'사실 그렇구나. 지은 공덕도 없으면서 부처님께 바라기만 했구나.'

혼잣말로 중얼거리고는 너무나도 죄송하고 미안하여 엎드려 사죄했다.

"부처님! 어리석은 중생이라 모르고 저질렀사오니

용서하여 주십시오. 과거에 합격만 하면 기필코 은혜
에 보답하겠습니다."

그가 고향에 돌아가 부모님께 이 사실을 말씀드렸
더니 아버지께서 그에게 장가들 밑천을 미리 주시면
서 말씀하셨다.

"얘야, 이제까지 너의 장가 밑천으로 푼푼이 모은
돈이다. 이 돈을 가지고 가서 그 절을 보수하고, 공부
하여 과거에 합격하면 돌아오너라."

그는 그 돈을 가지고 절을 보수하고 부처님을 시봉
하면서 공부하여 드디어 대과에 급제하여 고향으로
돌아가게 되었다.

그 후 나라에서 그 절 이름을 대선급제사(大選及第
寺)라 붙였다.

범종불사의 공덕

고려 7대 목종왕(穆宗王) 때 일이다.

강원도 철원군 심원사(深源寺)에는 범종(梵鍾)이 없어 여러 대중의 정성을 모아 범종불사의 제공(提供)을 올리게 되었다.

심원사 아랫마을에 박덕기(朴德其)란 장님과 이춘식(李春植)이란 앉은뱅이가 서로 의지하며 살고 있었다.

어느 날, 이 마을에도 심원사 범종불사의 화주승(化主僧)이 집집마다 권선을 하고 다녔다. 덕기와 춘식이에게도 와서 청하였다.

"유기그릇인 주발, 숟가락, 쇠화로 뭐든지 시주하십시오. 깨진 것도 좋습니다."

"스님! 성한 놋그릇은 절에서 쓰려고 구하겠지만 깨진 쇠그릇은 무엇에 쓰려고 구합니까?"

춘식과 덕기가 이상해서 물었다.

"심원사는 우리 나라에서 유명한 큰 절인데 범종 하나 없어서 그 종을 만들려고 깨진 쇠붙이를 구하러 다니는 것입니다."

이 말을 들은 두 사람은 다시 물었다.

"스님! 범종은 만들어서 무엇에 쓰며, 그 깊은 산
중에 종소리를 들을 사람도 많지 않을 터인데 종은
쳐서 무엇하며, 부처님은 어떤 분이며, 불교는 무엇하
는 것입니까?"

화주 스님은 이 두 사람에게 잠깐이나마 불교의 진
리와 불교의 네 가지 악기에 대해 이야기했다.

"불교의 네 가지 악기인 사물(四物)에는 범종(梵
鍾)·법고(法鼓)·운판(雲版)·목어(木魚)가 있는데
범종은 우리 지옥 중생의 고통을 잠깐 동안이라도 멈
추게 하기 위하여 치는 것이요, 법고(북)는 네 발 짐
승을 상징하며 육지동물(畜生)이 죽은 뒤에라도 잘되
라고 치는 것이요, 운판은 공계(空界) 중생인 귀신을
천도하기 위해서이며, 목어는 물 속에 사는 어족(魚
族) 중생을 제도하기 위하여 치는 것입니다. 그리고
부처님은 우리 인간의 고통인 생로병사를 해탈하신
분이며, 또 인과란…….."

화주 스님은 두 사람에게 열심히 불교를 설명하였
다. 두 사람은 비로소 자신들이 불구자가 된 것도 선
악 인과의 업보임을 깨닫게 되었다. 스님은 또 이렇게
말하였다.

"지극한 마음으로 관세음보살님을 믿고 부르면 살
아서는 이 불구의 고통을 면하게 되며 복을 받을 수
있고, 죽어서는 극락세계로 가게 됩니다."

마침내 두 사람은 화주 스님을 도와 종 불사에 필요한 쇠붙이를 모으기 위하여 눈먼 장님은 앉은뱅이의 다리가 되어 주고 앉은뱅이는 눈먼 장님의 두 눈이 되어 이신동체(二身同體)로써 집집마다 다니면서 쇠붙이를 모아 심원사로 운반하였던 것이다.

이렇게 하기를 몇 해, 마침내 종 불사는 원만히 이룩되어 내일은 명종식(鳴鍾式)을 올려 회향불사(廻向佛事)를 하게 되었다.

두 사람도 명종식에 꼭 참석하기 위해 장님은 앉은뱅이를 업고 심원사를 향해 대치령(大峙嶺)을 넘어 고갯마루에 다다랐을 때, 허공에 오색구름을 타고 성백의(聖白衣) 관세음보살이 광명을 놓으시는 것이 아닌가.

장님의 등에 업혀 있던 앉은뱅이가 그 광명을 보고 갑자기,

"저기 허공 가운데 관세음보살 부처님이 나타나셨다."

하고 소리치며 합장예배를 드리기 위해 자리에서 일어나려는 찰나, 앉은뱅이 춘식의 다리가 쭉 펴지는 것이 아닌가!

이때 장님은,

"어디에 관세음보살 부처님이 강림하셨단 말인가?"

하고 소리치며 두 눈을 비비다가 두 눈이 번쩍 뜨

였다.

그리하여 이신동체인 두 사람은 성백의 관세음보살님을 친견하고는 관음부처님의 성은에 감읍하여 서로 끌어안고 하염없이 기쁨의 눈물을 흘렸다.

일심으로 관세음보살을 염하고, 지극한 마음으로 종 불사에 화주 시주한 공덕으로 부처님의 광명을 받았던 것이다. 그래서 하나를 베풀면 만금을 얻는 것이니 내가 지은 공덕은 빠르면 금생에, 늦으면 후생에라도 받게 되니 내가 뿌린 인(因)은 언젠가는 과(果)가 되어 어김없이 돌아오는 것이다. 그 모든 것이 자업자득이요, 자작자수요, 인과응보라 했다.

오늘도 빠짐없이 지옥 중생을 위해서 범종을 조석으로 종송(鍾頌)을 외우며 치니 아침 종송으로는,

원컨대 이 종소리가 법계에 두루 퍼져서
(願此鍾聲遍法界)
철위산(지옥이 있는 곳)의 어둠도 다 밝게 하고
(鐵圍幽暗悉皆明)
삼도(지옥·아귀·축생)가 고뇌를 여의고 도산지옥이 깨어져서
(三途離苦破刀山)
일체 중생이 다 정각을 이루어지이다
(一切衆生成正覺)

라고 외우며 저녁 종송으로는,

> 종소리를 듣고 번뇌를 끊으며
> (聞鍾聲煩惱斷)
> 지혜가 증장하고 보리가 출생하여
> (知慧長菩提生)
> 지옥을 여의고 삼계에 뛰어나서
> (離地獄出三界)
> 부처를 이루어 중생 제도를 원하나이다
> (願成佛度衆生)

라고 외운다. 들려오는 종송의 발원이 이러하니, 그 종송을 듣는 이 가슴마다 회한의 눈물이 흐르는가 보다.

오세암 관세음보살

신라 자장율사(慈藏律師)가 창건하신 오세암(五歲庵)은 강원도 인제군 설악산에 있는 절이다.

옛날에는 관음사(觀音寺)라 했으나 오늘날에는 '오세암'이라 불리우고 있다. 확실한 연대는 알 수 없으나 이 오세암에 향정(香淨) 스님이란 분이 계셨다.

어느 날 향정 스님은 마을에서 아버지 어머니를 여의고 혼자가 된 어린 젖먹이를 데려다 봉(鳳)이란 이름을 지어주고 절에서 키우게 되었다. 향정 스님은 항상 어린 봉이에게 관세음불상을 가리키며,

"봉이야, 저분이 너의 어머니이시다. 어디서나 어머니라고 부르도록 해라."

하며 젖 대신에 꿀물을 타서 먹이며 길렀다.

어린 봉이는 아버지 어머니가 무엇인지는 모르나 스님이 시키신 대로 '어머니! 어머니!' 하면서 중얼거리기도 하고 놀기도 하였다.

그렇게 지내기를 두 해, 봉이가 네 살이 된 이른 겨울이었다. 강원도 설악산은 눈이 많이 오기로 유명했다. 올해도 향정 스님은 눈이 오기 전에 겨울 양식을 구해 와야만 했다.

어느 날 밥을 좀 넉넉하게 지어 방에 두고서는 봉이에게 타이르듯 당부했다.

"봉이야, 배가 고프면 이것을 먹고 어머니와 함께 놀고 있거라. 나는 마을에 내려가서 우리 봉이 먹을 것을 구해 올 테니……."

어린 봉이는 두 눈을 빤짝이며 알았다는 듯이 고개를 끄덕였다.

네 살 먹은 어린 봉이를 혼자 남겨 두고 마을로 내려와야 하는 스님의 마음은 아팠지만 겨울을 지내기 위해서는 마을에 내려갔다 와야 했기 때문에 걸리는 마음을 뒤로하고 늘목령을 넘어 신흥사 밑의 마을인 정고(停庫)로 갔다.

마을에서 겨울 양식을 구해 가지고 절로 올라가던 중간에서 대설을 만나 쉬어 가지 않을 수 없었다. 기다리고 있을 어린 봉이를 생각하니 가슴이 터질 듯이 괴롭고 아팠다. 하지만 눈 때문에 발걸음을 옮길 수가 없었다. 가자 하니 갈 방법이 없고, 있자니 봉이 생각이 나서 견딜 수가 없었다. 마을사람들 역시,

"스님, 어린 봉이가 불쌍하기는 합니다만 어쩔 도리가 없지 않습니까? 눈이 녹으면 가시지요."
하며 모두 만류했다.

하는 수 없이 눈 녹기만을 기다렸다. 그러나 눈은 그칠 줄 모르고 연이어 겹쳐 퍼붓기만 하고 첩첩이

이어진 온 산을 덮어 버리기만 했다. 아무리 가슴을
태우고 눈물을 흘려도 인간의 힘으로는 어찌할 도리
가 없었다.

그저,

"관세음보살님! 우리 봉이를 구해주십시오. 관세음
보살님! 불쌍한 어린 봉이를 살려주십시오."
하며 염불 기원만을 일편단심으로 할 뿐이었다.

결국 그 이듬해 봄에야 겨우 눈을 헤치고서 절로
올라갈 수 있었다. 스님은 '우리 봉이는 죽었겠지. 불
쌍한 봉이를 어이할꺼나……' 하며 스님은 죽은 봉이
라도 어서 가서 보려고 있는 힘을 다해 절 앞에 당도
하여서 예전 버릇대로,

"봉이야!"
하고 부르면서 대문 안으로 들어섰다.

뜻밖에도 봉이가 큰 방문을 열고는 빵긋 웃고 나오
면서,

"스님! 왜 인제 와요."
하며 스님에게 안기며 반가워 했다.

"야! 네가 정말 봉이냐, 죽은 귀신이냐!"

스님은 너무도 건강한 모습으로 자기 품에 안긴 봉
이를 보고 반신반의하면서 마침내 얼싸안고 울었다.

"관세음보살님! 우리 봉이를 구해주셨군요. 우리
봉이를……."

"스님! 울지 마. 귀신이 뭐야? 어머니가 밥도 주고
불도 때주고 글도 가르쳐 주고 해서 이제 글도 아는
데⋯⋯."
하며 관세음보살상을 가리키는 것이 아닌가!

　그리고 나서 봉이는 탁자에 놓여 있는 책을 펴 글
을 읽고 난 후 뜻풀이를 다 할 뿐만 아니라, 참선(參
禪)하는 화두(話頭)까지 통달하였다. 그리하여 오세
조사(五歲祖師)라 부르게 되었고, 이 일이 있고 난 후
부터 관음사를 오세암이라 불렀다 한다.

생명을 구해준 부처님

전라북도 익산군 금마면 면장을 여러 해 지낸 우용택(禹龍澤)이라는 사람이 있었다.

어느 해 가을에 친구들과 같이 강화도 구경을 갔다가 해상에서 풍파를 만나 죽을 지경을 당했다가 그때에 관세음보살의 위신력을 입어서 살아났다는 얘기이다.

우씨가 강화도 구경가던 때에는 연락선도 없었고, 섬에서 섬으로 왕래할 때에는 조그마한 목선으로 내왕하였다.

강화도 구경을 하고 또 다른 섬으로 구경을 하려고 배가 바다 중간쯤 왔을 때, 갑자기 하늘이 어두워지면서 소나기가 퍼붓고 큰 바람이 불어 배 안에 있던 사람들이 모두 죽을 지경에 이르렀다.

점점 풍랑은 더 심해져 금방이라도 배가 전복될 것만 같아 사람들 모두 얼굴이 흑빛이 되고 죽음에 대한 두려움으로 가득했다.

사공들 역시 어찌할 도리가 없어 선체를 운명에 부치고 말아야 했다. 그런데 승객 중에 누구인지 관세음보살을 부르는 사람이 있었는데 그는 우씨의 곁에서 낮은 음성으로 관세음보살을 부르다가 우씨를 돌아보며,

"당신도 관세음보살을 불러보시오"하는 것이었다.

우씨는 그 말에 정신미신(正信迷信)을 생각할 틈도 없이, 영험이 있고 없는 것도 물어볼 여지도 없이 무의식 중에 살고 싶다는 생각으로 관세음보살을 따라서 부를 뿐이었다.

그러나 풍랑은 그칠 기미가 보이지 않고 점점 더 심해져 죽을 고비에 이르렀을 때, 관세음보살을 부르라고 권하던 그 사람이 갑자기 우씨의 옆구리를 찌르며 "저것 좀 보시오"하고 공중을 가리켰다.

깜짝 놀라 그 사람이 가리킨 공중을 쳐다보니 오색이 찬란하고 뚜렷한 광명이 휘황한 가운데 관세음보살의 모습이 나타났다.

그것을 쳐다보는 찰나 벽력 같은 소리가 나며 파도가 한길이나 치솟더니 돛대가 부러져서 바다 위에 떨어지는 것이었다. 그 소리에 놀라 정신을 잠깐 잃었는데 관세음보살은 온데간데없이 사라지고 바다 위에 바람은 홀연히 가라앉아 배는 무사히 인천에 도착하였다.

우씨는 이 일이 있은 후부터 관세음보살의 영험에 감탄하여 매일 관세음보살을 생각하며 부른다고 한다.

이제까지 불교를 믿기는 고사하고 오히려 불교를 비방하고 스님들을 경멸했던 완고한 유생이었던 우씨는 이런 일을 계기로 돈독한 신심을 지니고 수행정진하는 불자가 되었다.

관음보살의 은덕

조선조 제9대 성종 임금 때 일이다.

어느 조그마한 마을에 착하고 어여쁜 처녀가 살고 있었다. 일찍이 부모님을 여의고 의지할 곳이 없는 외로운 처녀였지만 누구 한 사람 도와주는 이가 없었다. 남의 집 처녀들이 부모님 밑에서 호강스럽게 살아가는 것을 볼 때면 부럽기 한량없었다. 이웃집 동무들의 시집 날받이가 오고 가는 것을 볼 때면 서러운 생각에 신세자탄이 저절로 나 일찍 돌아가신 부모들이 원망스럽기도 했지만, 자기의 운명이라고 체념하고 하루하루를 살아갔다.

세월은 덧없이 흘러 그럭저럭 열여덟 나던 해였다.

처녀는 윗마을 청운사(淸雲寺) 관세음보살을 부모로 여기고 괴로운 이 세상을 신앙생활로 보람을 느끼면서 살아가기로 작정하고 항상 청운사 관세음보살께 지성으로 예배를 드리러 다니다가 한 번은 날을 받아 삼칠일 기도를 시작하였다.

기도를 시작한 지 얼마 후, 그날도 다른 날과 다름없이 청운사에 가서 기도를 드리고 집으로 돌아오는데 산 중턱에서 웬 노파 한 분이 다가서며,

"처녀의 몸으로 어디를 매일 다녀오느냐?"
고 묻는 것이었다.

"제 팔자가 워낙 서러워 관세음보살님을 매일 찾고 있지요. 오늘로 벌써 열흘이 넘어 13일째예요."

"처녀는 부모님이 안 계시나?"

"예, 부모님을 일찍 여의고 혼자 외로워 청운사 관세음보살님을 제 부모인 양 생각하고 살아간답니다."

"오, 그러면 처녀의 몸으로 이 산을 넘어 다니기란 쉬운 일이 아니니 당분간 나의 집에서 머물며 다니도록 해요. 나도 혼자 살고 있으니……."

그리하여 처녀는 고마운 할머니의 배려로 그 할머니댁에서 자고 먹으며 삼칠일 기도를 마쳤다.

처녀는 그동안의 끼친 고마움의 인사를 하면서 보답의 표시로 아무것도 드릴 것이 없어서 옷을 한 가지 벗어 드리니 아예 사절하시면서,

"네 마음이 꼭 그렇다면 다른 것으로 조금만 두고 가도록 하려무나."
하자 처녀는 자신의 머리카락을 한 움큼 뽑아 할머니께 드렸다. 할머니는 그 머리카락을 자기의 손가락에 감아 달라고 하였다. 그러면서 오늘밤은 늦어 위험하니 내일 일찍 떠날 것을 권유하였다.

할머니의 말대로 하룻밤을 더 묵었다. 할머니는 다음날 새벽에 깨워주면서 곧 떠나라고 하였다. 새벽길

을 걸어서 성문 앞에까지 왔다. 하지만 철이 겨울이라 날이 새지 않아 성문 밖에서 날 새기만을 기다리고 있었다.

그때에 웬 훌륭한 가마가 하나 지나가다가 성문 밖에 앉아 있는 처녀를 발견하더니 가마에 앉아 있던 점잖은 분이 가마에서 내리며 처녀에게 다가와 무슨 일로 지금 이 시각에 있느냐고 물었다.

처녀가 자기의 신상 전후를 말해주자 그 점잖은 분은 지금 처음으로 오주국사의 임명을 받고 고향으로 내려가는 길인데 자기는 아직 정혼을 한 데가 없으니 같이 내려가 백년해로할 것을 청하는 것이었다.

옆에 있던 사람들도 원님이 아직 혼자이시니 같이 가기만 하면 행복한 나날을 보낼 것이라고 하였다. 그래서 가마에 올라 원님의 고향으로 가서 백년가약을 맺었다. 그리하여 두 사람은 부부가 되어 단란한 가정을 이루어 자식을 여럿 두어 행복한 날들을 보냈다.

세월이 흐른 어느 날, 청운사 관세음보살님께 참배하러 가는 길에 산 중턱에 있던 그 할머니의 집을 찾아보았으나 집도, 할머니도 찾을 길이 없었다.

이상히 여기며 청운사 관세음보살님께 참배하다 보니 관세음보살의 손가락에 머리털이 감겨져 있었다.

그때서야 자기의 신앙심에 감응하여 관세음보살님이 나타나 자기를 도와준 것을 알았다.

그 부부는 눈물을 흘리며 관세음보살님께 감사를 드리며 더욱더 신앙심이 두터워졌고 자자손손 편안한 세월을 보냈다.

죽은 사람이 환생하다

경상도 울진에 있는 불영사(佛影寺)의 현판은 환생전(還生殿)이라 하고 큰 방의 현판은 환희요(歡喜寮)라 한다. 이는 죽은 사람의 시신을 놓고 이 불영사 탑 앞에서 불철주야 삼일 기도를 하고 되살아난 후부터 지어진 이름이다.

서울 남산골에 이춘식(李春植)이란 선비가 있었다. 이선비는 오직 책만 읽을 뿐 도통 생업엔 관심을 두지 않아 집이 가난하기가 말로 다할 수가 없었다. 오직 그의 아내 강씨 부인이 시골 친정을 드나들며 구걸을 하다시피 하여 겨우 생계를 이어갈 뿐이었다.

강씨 부인은 결혼 전에는 친정 어머니를 따라 절에 다니며 불교를 신봉하였으나, 출가해서는 집이 가난하여 절에 다니지는 못해도 혼자서 참선도 하고 염불도 하였다. 기도를 할 때마다 절에 가지 못하는 것을 죄송하게 생각하면서 부처님께 서원하기를,

'부처님! 죄송합니다. 그러나 저의 남편만 벼슬하게 되면 꼭 잊지 않고 부처님께 공양도 올리고 공부하는 스님들 시봉도 들며, 또 불사에 필요한 많은 것들을 성심껏 보시하겠습니다.'

하였다.

이러한 강씨 부인의 정성이 헛되지 않아 이듬해 남편 이춘식이 과거에 응시, 장원급제하여 경상도 울진 부사로 부임하게 되었다.

그런데 호사다마라 할까. 그렇게 건강하던 남편이 부사로 부임한 지 삼일 만에 이렇다 할 병도 없이 그대로 죽고 말았다. 부인의 애통함은 말로 다 형용할 수가 없었다. 삼일을 두고 울고 또 울다가 북문 밖에 장지를 정했다는 말을 듣고서 눈물을 그친 강씨 부인은 상가에 모여 있는 여러 육방 관속들에게 물었다.

"이 고을에는 절이 없느냐? 있다면 특히 영험하신 절을 말하여 보아라."

"예, 불영사란 유명한 절이 있습니다. 특히 그 절 탑 앞에 모셔진 부처님이 영험이 많습니다."

"그렇다면 사또의 상여를 그곳으로 모셔라."

"아니, 절이란 시체를 묻는 곳이 아니고 죽은 사람의 영혼을 청해 극락세계로 보내는 곳이라 들었습니다."

"나 역시 모르는 바가 아니다. 내가 알아서 처리할 터이니 시체를 그곳으로 옮겨라."

육방 관속들은 할 말을 잊고 서 있다가 재촉하는 사또 부인의 명령을 거역할 수가 없어 불영사 탑 앞으로 상여를 메고 갔다.

부인은 탑 앞에서 상여 속의 관을 꺼내어 탑 앞에 올려놓고 불철주야 3일을 울면서 기도했다.

"부처님! 저의 남편 이(李)부사를 다시 살아나게 해주십시오. 가난하게 살던 것을 부처님의 영험으로 부사를 시켜주셨으니 부처님께서 다시 그를 살려주시 와 부처님의 은혜에 보답할 수 있는 기회도 마련해 주십시오. 이대로 남편과 헤어지기에는 너무나도 억울해서 저 역시 살 수 없습니다. 부처님! 부디 부처님의 가피력으로 다시 살아나게만 해주십시오."

강씨 부인의 애절한 소원을 옆에서 듣고 있던 스님네들도 그만 감화되어 목탁을 들고 나와 함께 불철주야 3일을 두들겼다.

서릿발이 내리는 차가운 가을밤, 밤은 길고 휘영청 달은 밝게 비추이는데 홀연히 그 영구 사이에서 머리를 풀고 입술이 붉은 여자 귀신이 나타나,

"나는 저이와 구생에 원한을 맺은 원수인 고로 어느 때, 어느 곳에서도 세상의 낙(樂)을 받지 못하도록 방해했었는데 부인의 간절한 소망과 스님들의 애절한 독경으로 나는 구생의 원한을 풀고 가노라." 하며 하늘로 둥둥 떠서 연기처럼 사라졌다.

일순간에 일어난 일이었다. 모두들 놀라 멍하니 서 있는데 갑자기 관이 흔들리기 시작했다. 놀란 강씨 부인이 급히 달려들어 줄을 끄르고 관을 떼어 수의를

헤치니 이 부사가 휴- 하며 한숨을 내쉬었다.

　스님들과 관속들이 부사를 업어 절 방으로 모셔 들이니 부사는 삼일 만에 정신을 되찾아 기동을 했다.

　이 소식이 전해지자 모든 사람들이,

　"참으로 부처님의 도력은 불사의(不思議)하구나."

하며 모두 부처님을 지극정성으로 시봉하였으며, 그 강씨 부인은 불영사에 백 여 석의 불량답(佛糧畓)을 사들이고 그 절에 필요한 모든 것을 수시로 헌공하며 부처님께 전날의 약속을 지켜 행복한 삶을 누렸다 한다.

부처님이 중매하다

경기도 고양군 신도면 삼각산(三角山)에 옥천암(玉泉庵)이란 조그만 절이 있다. 이 절 아래에 사는 사람으로 5대째 이 절에 다니는 윤동호(尹東浩)라는 사람이 있었다. 그의 조상 중에 윤칠복(尹七福)이란 고조부가 계셨는데 그분이 장가들기 전의 일이다.

칠복이는 칠십이 다된 노모와 단둘이 외롭게 살았다. 땅 한 마지기 없이 사시사철 비가 오나 눈이 오나 나뭇짐을 해다 팔아 근근이 생계를 이어오는 형편이었으므로 나이 삼십이 넘도록 장가를 못 가고 있었다. 칠복이는 언제나 첫닭이 울면 나뭇짐을 짊어지고 서울을 드나들며 나무를 팔아 그 돈으로 어머니가 좋아하시는 고기를 빠뜨리지 않고 사오곤 하는 드문 효자였다.

그러나 나이 삼십이 넘도록 장가를 못 가고 있다 보니 왠지 서글픈 생각이 들 때도 많았다. 삼대 독자 외아들이고 보니 어머님께 불효하는 것만 같고 해서 장가들려고 무진 노력을 해도 가난하다 보니 시집올 처녀도 없고 별도리 없이 하루하루를 보내고 있었다.

그날도 나뭇짐을 짊어지고 서울을 향해 가다가 다

리도 아프고 마음도 서글프고 해서 나무지게를 내려
놓고 나무 밑에 앉아 쉬고 있는데 귓가에 목탁소리가
들려 왔다. 바라보니 개천 건너 산 밑에 있는 옥천암
에서 들려오는 소리였다.

그런데 바로 절 밑에는 높이 수십 척이나 되는 바
위가 있는데 거기에다가 크게 부처님을 조각해 놓았
고 그 부처님 옆에는 수십 명의 여자 신도들이 스님
들과 함께 향불을 피우며 제사지내듯이 재를 올리며
절을 하고 있었다.

그전에도 가끔 이런 풍경을 보았지만 오늘따라 목
탁소리와 스님들을 보니 마음이 이상해졌다.

'저 사람들은 무엇 때문에 돌부처에게 저렇게 절을
하는 것일까? 저렇게 절을 하면 돌부처가 무슨 소원
이라도 이루어 준단 말인가? 훌륭한 사람도 자기 마
음대로 못하는 일이 얼마나 많은데 가만히 비바람을
맞으며 서 있기만 하는 돌부처에게 무슨 힘이 있다고
저토록 절을 하는 걸까?'

혼자 회의에 잠겨 있는데 늙은 할머니들이 거기서
불공을 마치고 건너왔다.

칠복이는 그 노인들에게,

"저 바위에 새겨져 있는 돌부처는 누구이며 할머니
들은 무엇 때문에 거기에다 절을 하고 빕니까?"
하고 물었더니 할머니는,

"총각이 나이는 먹었어도 아무것도 모르는구먼. 저 바위에 새겨져 있는 분은 해수관음(海水觀音)이란 관세음보살님이신데 이 보살님은 동해·서해·남해 모든 바다 언덕 위에 계신 보살님이라네. 동해안에는 강원도 낙산사 홍련암(紅蓮庵)의 관음보살님이 계시고, 서해안에는 경기도 강화군 보문사(普門寺)의 관음보살님이 계시고, 남해안에는 경상도 금산 보리암(菩提庵)의 관세음보살님이 계신다네. 이곳은 바다는 아니지만 개천가인 까닭으로 멀리 바다에 못 가는 사람을 위하여 인연을 맺으라고 새겨놓은 관세음보살님이신데 영험이 대단하여 누구든지 저 보살님께 지극정성으로 기도하면 모든 소원이 이루어진다네."

라고 하였다.

그 말을 들은 칠복이는 귀가 솔깃하여 나무 팔러 갈 생각은 않고 옥천암 절로 올라갔다.

그리고는 스님에게,

"스님! 저는 장가가기가 소원이온데 정말 저 돌부처에게 빌면 장가갈 수 있을까요?"

하고 물었더니 스님은 빙긋이 웃으시며 말씀하였다.

"지성으로 기도하면 모든 소원을 다 들어주십니다."

"그렇지만 스님! 돌부처가 무슨 신통력이 있어 사람의 소원을 다 이루어 줄 수 있단 말입니까?"

"그것은 모르는 말이오. 비록 돌일망정 비는 사람이 지성으로 마음을 모아 빌면 부처의 신령은 천리만리라도 걸림없이 오신답니다. 그러기에 지성이면 감천이란 말이 있지요. 마음이 부족하고 믿는 정성이 부족한 사람에게는 그냥 돌바위로 보이지만 마음과 정성이 지극하면 모든 것이 부처님이지요. 그런 사람에게는 무정한 돌도 살아 있는 부처님으로 화신한답니다. 그래서 소원을 이루고 못 이루는 것은 바로 믿는 사람의 정성과 신심이지요. 어떤 발원을 하더라도 일심으로 기도하고 부처님께서 꼭 이루어 주실거라는 확신을 가져야만 됩니다."

스님은 아무것도 모르는 칠복에게 상세히 설명해 주셨다.

칠복은 스님의 말씀을 듣고 나니 뭔가 가슴이 시원해지는 것 같았다. 칠복은 절을 내려와 그 해수관음보살님께 가서 한없이 절을 하고 마음속으로 빌었다.

'대자대비하신 관세음보살님! 저의 소원은 하루빨리 장가가서 자손을 보고 부자가 되어 나무장사를 면하고 늙으신 우리 어머니 편하게 해드리는 것입니다. 부디 저의 소원을 이루어 주옵소서.'

절만으로는 뭔가 부족한 것 같아 자기 도시락을 꺼내어 부처님께 올리고 절하며 빌었다.

도시락이란 것이 식어버린 보리밥이요, 거기다 반

찬으로 가지고 간 시어빠진 김칫국이 흘러 퀴퀴한 냄새까지 났지만 칠복이는 부처님께서도 내가 가난하다는 것을 아실 테니까 용서하시고 맛있게 드실거라는 생각이 들었다.

이날 이후로부터 칠복이는 나뭇짐을 지고 오고 갈 때마다 이와 같이 부처님께 정성을 다해 기도하였다. 비가 오나 눈이 오나 하루도 빠지지 않고 기도한 지도 백일이 지났다. 이제는 부처님이 꼭 다정한 어머니만 같게 느껴져 마음놓고 어리광도 부리고 투정도 하는 사이가 되었다.

그 해 겨울이 지나고 따뜻한 봄날이 돌아왔다. 오늘도 칠복이는 지게를 지고 가다가 해수관음보살님께 들렀다. 빙긋이 웃으며 맞이해 주시는 해수관음보살님께 자기도 빙긋이 웃으며 인사했다.

"관세음보살님! 칠복이가 오늘도 왔습니다. 그런데 관세음보살님! 제발 장가 좀 가게 해주십시오. 아랫마을 상수도, 윗마을 태복이도 장가가서 떡두꺼비 같은 아들을 낳았는데 나만 못 가고 있으니 살 재미가 없습니다. 관세음보살님! 올 봄에는 나도 장가가게 해주세요."

칠복이는 투정을 하다가 언젠가처럼 문도 없는 관음각(觀音閣)에 혼자 앉아 흘러가는 시냇물을 바라보았다.

맑은 시냇물을 보노라니 왠지 마음이 시원해 왔다.

하염없이 바라보더니만 별안간 칠복이는,

"관세음보살님! 이제부터 저와 내기를 합시다. 조약돌을 멀리 던지기 놀이를 하여 만일 제가 이기면 관세음보살님이 그 대가로 저의 소원을 들어주셔야 합니다."

하며 조약돌 두 개를 줍더니만 이것은 관세음보살님 것, 이것은 내 것 하며 멀리 던지기 내기를 하였다.

"그럼 먼저 관세음보살님 것부터 던지겠습니다."

던진 조약돌은 파아란 하늘 아래 포물선을 그리며 물에 풍덩 떨어졌다.

"관세음보살님! 이번에는 제 차례입니다."

또다시 힘껏 조약돌을 던지니 먼저 것보다 멀리 떨어지는 것이었다.

칠복이는 관세음보살을 쳐다보며,

"관세음보살님! 똑똑히 보셨지요. 제 것이 멀리 갔습니다. 내일이라도 제 소원을 이루어 주셔야 합니다."

하면서 지게를 지고 집으로 돌아왔다.

그런데 그날 밤 꿈에 웬 부인이 나타나,

"나는 옥천암에 계시는 해수관음보살님을 모시고 있는 사람이다. 너의 정성이 갸륵하여 왔단다. 네가 내일 새벽 첫닭이 울 때 나뭇짐을 지고 떠나 날이 새기 전에 성문 밖에서 기다리고 있거라. 그리하여 문이

열려지고 첫번째 나오는 여자가 있거든 '남녀가 유별
한데 먼저 말하기는 미안하지만 어디로 가시는 길인
지 모르나 제가 안내할 터이니 저를 따라오십시오' 하
고 그녀를 너의 집으로 인도하면 너의 소원이 이루어
지리라."
하였다.

꿈에서 깨어난 칠복은 긴가민가 의심이 났지만 그
래도 기분은 좋았다.

뭔가 일이 풀릴 것도 같아서 첫닭이 우는 소리를
듣기가 바쁘게 나뭇짐을 지고 집을 나오려고 하자 어
머니가 걱정스럽게 물었다.

"얘야, 오늘은 아직 먼동이 트려면 멀었는데 벌써
나가느냐?"

"예, 어머니. 오늘은 누구를 일찍이 좀 만나기로 했
기 때문에 일찍 나가봐야 합니다."

대답을 마친 칠복이는 발걸음도 가볍게 집을 나섰
다. 빈 속에 나무 한 짐을 지고 삼십 리 길을 걸어 성
문 밖에 종종걸음으로 다다르고 보니 아직 문은 열리
지 않았다. 먼동이 트기를 기다리고 있는데 성문 틈으
로 하얀 버선을 신은 발이 왔다갔다 하였다.

칠복이는 '저 여자구나. 역시 관세음보살님이 거짓
말은 아니하셨군' 하며 생각이 여기까지 미치자 뛰는
가슴을 진정시킬 수가 없었다. 몇 번을 심호흡하여 마

음을 가라앉혔다. 마침 문이 열리면서 제일 먼저 장옷을 두르고 보자기를 하나 든 여자가 칠복이 앞을 지나갔다.

쏜살같이 뒤따라가 그 여자에게 꿈속에서 일러주신 대로,

"남녀가 유별한데 이런 말하기는 실례인 줄 아오나 어디로 가는 누구신지 제가 길을 안내하겠습니다."

하며 쳐다보니 장옷 사이로 빠끔히 내민 그 얼굴은 이른 아침 물먹은 복사꽃보다도 예쁜 얼굴이었다.

그런데 뜻밖에도 그 예쁜 낭자는 톡 쏘기는커녕 부드러운 말소리로,

"저, 신도면에 사는 윤도령이란 총각을 찾아가는 중이랍니다."

하는 게 아닌가. 우리 마을에 윤총각은 나 혼자뿐인 것을……. 너무도 뜻밖의 일인지라 칠복은 눈이 휘둥그래 가지고,

"제가 윤총각인데요."

"네? 아니 어떻게 제가 올 줄 알고 나오셨나요?"

"미리 오실 줄 알고 마중 나왔답니다."

칠복이가 어젯밤 꿈 이야기를 했더니,

"참 기이한 일이군요. 실은 저도 어젯밤 웬 부인이 나타나 '네가 성문 밖을 나가면 첫번째로 어떤 사나이를 만날 터인데 그는 윤도령이란 총각이다. 그를 따라

가면 앞으로 행복한 길이 열릴 것이다' 하시길래 이렇게 오늘 나왔답니다. 그런데 어쩌면 그렇게도 꿈이 같을까요?"

하는 것이었다. 칠복이는 너무도 기뻐,

"그게 다 천생연분이란 것이지요."

하며 좋아했다.

두 사람은 옛날부터 알았던 사람처럼 오손도손 이야기하며 걸었다.

칠복은 하루도 빠지지 않고 기도했던 해수관음보살님 앞으로 낭자를 인도했다. 그때 둥근 아침 햇살이 해수관세음보살님을 비추었다.

빙긋이 웃고 계시는 관음보살님을 쳐다보던 그 낭자는,

"어머나, 저분은 간밤 꿈에 뵈온 분의 얼굴과 같습니다."

라고 하였다.

"우리 함께 절합시다. 우리의 인연은 이 관음보살님께서 맺어주신 것입니다."

칠복이가,

"관세음보살님! 감사합니다. 정말 감사합니다."

하며 절하니 여자 역시도 수없이 절하는 것이었다.

얼마 뒤 여자가,

"시장하실텐데 요기나 하고 가시죠."

하며 보자기를 풀어 도시락을 꺼내었다.

"우리가 먼저 먹을 수 있나요. 관세음보살님께 먼저 올리고 먹읍시다."

칠복은 밥을 올리고 절을 한 뒤 맛있게 나누어 먹었다.

함께 밥을 먹고 난 후, 여자는 자기의 지내 온 인생을 얘기했다.

"저는 명문대가의 자식으로서 열여덟 살에 이웃마을로 시집을 갔으나 공방살이 끼었는지 남편되는 새신랑이 혼례 즉시 보기 싫다고 퇴박을 하였지요. 삼년을 넘게 있다가 더 이상 견딜 수 없어 친정으로 와서 지낸 지 칠 년, 이렇게 십 년을 수절하며 남편이 찾아와 주기만을 기다렸지만 희망이 없어 보다못한 어머니께서 저를 가엾게 여기시어 값나가는 금·은·보석 등 귀중한 패물을 싸주시면서 집을 나가 어디 모르는 곳에 가서 마음맞는 사람 만나 잘살라 하시길래 내일이면 집을 떠나기로 한 날 밤 그런 꿈을 꾸고 오늘 이렇게 윤도령을 만나게 되었습니다."

이 말을 들은 윤칠복은 기뻐하며 함께 집으로 가 다음날 날을 받아 일가친척을 모시고 간단하게 혼례를 치르고는 낭자가 가지고 온 패물을 팔아 집과 토지를 사서 큰 살림을 벌이니 일순간에 신도면 일대에 제일가는 부자가 되어 행복하게 살면서 진실한 믿음

으로 옥천암을 오르내리며 해수관세음보살님께 공양
을 올렸다고 한다.

　그리하여 그 자손대대 옥천암의 단골 신도가 되
었다.

이고득락(離苦得樂)

동래 범어사 석정진(釋正眞)이란 스님은 조실부모
하자 산에 들어와 중노릇한 지가 십 년이 되었다.
어느 추운 겨울날, 정진 스님이 꿈을 꾸었는데 한
노승이 나타나 놀러가자고 하기에 어디인지 따라갔더
니 곁눈 파는 사이에 노승은 간 곳이 없이 사라지고
자기가 섰는 곳이 사람의 자취가 끊어진 바다 가운데
외로운 섬이었다. 끝없는 이 외로운 섬에서 웬 사람이
나타나서는 너는 어디 살며 성명관행이 무엇인고를
죽 묻더니 홀연히 그 사람이 한숨을 푹 쉬고는,
"네가 내 아들이구나. 너를 못 본 지 여러 해가 되
었구나. 이생과 저생이 달라서 만날 길이 없더니 오늘
여기서 너를 만나 이런 다행한 일이 없구나."
하며 통곡을 하였다.
그러나 정진 스님은 그 아버지라는 사람의 음성이
생시의 아버지 음성과 달라서 생시의 하던 일과 별세
한 날짜들을 물었더니, 여합부절하므로 그때서야 정
진 스님도,
"아버지!"
하며 통곡을 하였다. 그 아버지께서 위로하면서 말

하였다.

"울지 마라. 선악의 업보는 자기가 지어 자기가 받는 것이니 누구에게 한탄하고 원망하지도 않는다. 내가 전생에 저지른 잘못이 어찌나 큰지 여기에 들어와서 받는 고통이 말할 수 없구나. 여기는 염부제 동쪽에 있는 요사지옥(繞蛇地獄)이다. 너의 종숙(宗叔)과 동리의 정택분이도 나와 함께 있다. 내가 처음 왔을 때 이 지옥에서 벗어나 생천한 사람 하나가 있었고 그 뒤에는 한 사람도 없다. 생천한 사람은 중국 소주(蘇州) 땅에서 관리로 있던 정익주란 사람인데 그 아들이 '법화경' 한 질을 서사하여 천도의 기도를 드린 공덕으로 이고득락하였으니 너도 나를 위하여 법화경 한 질을 서사 독송해서 이고득락케 해다오."

간절히 부탁하고는 홀연히 사라졌다.

이에 깜짝 놀라 깬 그는 고향에 계시는 어머니를 찾아가 꿈 이야기를 말씀드리니 어머니도 눈물을 흘리며 이 기도에 협력하며 법공양할 준비를 하였다.

그리고는 담양 용화사 묵담대종사 회장에서 법화경 한 질을 서사 독송하게 되었는데 기도를 마치는 마지막 날 꿈에 아버지가 나타나,

"법화경 한 질의 서사 독송의 공덕으로 천상으로 가게 되었으니 고맙구나."

하고 미소지으며 사라졌다.

경을 서사하려 할 때 정진 스님의 방에 여우 한 마리가 들어와 그를 잡아 그 털로 붓을 맸더니 경 한 질을 다 써도 모자라지 않았다고 한다.

지성이면 감천

중국 북제(北齊) 궁중에 유겸지(兪謙之)라는 내관 (內官)이 있었다.

유내관은 태어날 때는 정상의 남자였으나, 집안이 가난하여 병신으로 만들어져 내관의 양자가 되었다. 유내관은 항상 왕자를 보필하는 직분을 맡고 있었다.

그런데 자기가 보필하고 있는 왕자는 이름을 알 수 없는 중병에 걸려 백약이 무효였다. 으리으리한 궁중 에서 부귀영화를 한 몸에 누리는 신분으로 태어났으 나 어느 것 하나 흡족한 것이 없었다. 병이 있다 보니 짜증만이 계속되어 갔다.

왕자에게는 천하에 없는 미인도 무용지물이요, 그 어떤 산해진미도 그림의 떡이었으니 말이다.

'나는 전생에 무슨 복으로 일국의 왕자로서 호사를 누리고 전생의 무슨 죄업으로 이런 고통을 당한단 말 인가?'

언제나 마음속으로 한스러운 나날을 보내다가 어느 날인지 불경(佛經)을 대하고부터는 누구도 원망하지 않고 언제나 스스로를 반성하였다.

'이 모든 것이 전생에 내가 짓고 내가 받는 것이구

나. 내가 왕자로서 이런 호사를 누리는 것도 내가 지은 공덕의 결과요, 내가 몸이 아파 고통 속에 사는 것도 내가 뿌린 죄업의 결과인 것을…….'

오늘도 마음을 달래며 경전을 펼쳤다. 화엄경을 읽다가 문수보살의 지혜·신통·자비의 공덕이 뛰어남을 감탄하고 문수보살 친견하기를 원하였다.

그런 어느 날 어떤 스님이 와서 이런 말을 하였다.

"예로부터 일만 문수보살님이 계신다는 청량산(淸凉山)으로 가서서 지극정성으로 기도하시면 문수보살을 친견할 수가 있습니다."

이 말을 들은 왕자는 더욱 신심을 내서 청량산으로 떠나기로 했다.

"몸도 성치 않으신데 먼 행차라니요. 병이 더치면 어떻게 하시려고 그러십니까?"

"인명은 재천이라, 내 죽기 전에. 뛰어난 성인이나 한 번 친견하고 죽을 수 있다면 한이 없겠다."

부인과 모든 궁중 사람들이 말려도 다 뿌리치고 유겸지와 단둘이 집을 나섰다.

청량산은 깊고, 물은 맑아 마치 신선이 사는 곳처럼 느껴졌다.

"마치 천상에 온 것 같구나. 청량산 푸른 소나무와 계곡 사이로 흘리내리는 맑은 시냇물은 칠보 향수와도 같고, 각 절 암자에서 울려 퍼지는 종성이 골골 메

아리칠 때는 하늘에서 들리는 풍악과 같으며, 법당에
서 울려 나오는 스님들의 목탁소리는 부처님의 법음
(法音)과도 같구나."

왕자는 아침 저녁으로 가사장삼에 백팔염주를 걸고
법당에 들어가 염불하고 경전을 읽었다. 하루 네 차례
씩 기도를 하는 왕자는 환희심에 도취되어 속병이 다
나을 것 같았다.

오늘도 그는 문수보살님께 기도를 했다.

"문수보살님! 문수보살님을 뵈오려 여기까지 온 이
박복한 중생을 굽어살피사, 이 몸이 죽기 전에 단 한 번
이라도 보살님의 참 모습을 보고 가게 해주십시오. 이
러한 몸 이러한 병을 가지고서는 이 세상 온갖 낙(樂)
이 오히려 괴롭기만 하여 이 세상 살기가 싫습니다."

이렇게 발원하는 왕자의 두 눈에서는 하염없이 눈
물이 뺨을 타고 내렸다. 이 모습을 보고 있는 유내관
도 눈물을 흘리며,

"문수보살님! 하루속히 우리 왕자님의 병이 쾌차되
어 만백성이 원하는 정치를 할 수 있는 어진 성군이
되게 해주십시오."
하며 간절히 발원하였다.

어느 날인가 왕자는 혼자서 청량산 산천을 두루 구
경하고자 뒷산으로 올라갔다가 큰 나무 밑에서 십이
삼 세 되어 보이는 소년 하나가 망태기를 놓고 쉬고

있는 것을 보았다.

"얘야, 너는 어디 사는 누구길래 이 산속에 혼자 쉬고 있느냐?"

"이 청량산에 사는 만수사리(曼殊舍利)입니다."

"너는 무엇하러 다니느냐?"

"약초를 캐러 다닙니다."

"약초라니? 무슨 약초를 캐느냐?"

"산삼을 캐러 다니지요."

"산삼? 산삼이라면 만병 통치약이 아니냐? 도를 얻기보다도 어려운 그 산삼을 네가 캘 수 있단 말이냐?"

"예, 이 산에서는 도라지나 더덕보다 더 쉽게 산삼을 캘 수 있답니다."

"그럼 그 망태기 속에는 산삼이 들어 있느냐?"

"예, 하나 드릴까요? 잡수시고 싶으면 아무것이나 하나 골라 잡수세요."

그러면서 망태기 속을 펼치며 보여줬다.

"돈도 안 주고 어떻게?…… 나 있는데 가자꾸나. 가서 돈 주고 하나 먹으마."

"아니 돈은 천천히 받겠으니 먼저 잡수세요. 산삼은 산에서 먹는 게 좋습니다."

소년은 망태기 속을 휘젓더니 좋은 걸 하나 꺼내어,

"이걸 잡수십시오."

하고 내놓았다.

꼭 사람의 형상을 한 것으로 색깔이 누르스름하고 향기가 좋았다. 왕자는 꼭꼭 씹어 삼켰다. 그리고는 소년과 둘이서 절을 향해 산을 내려왔다. 그런데 얼마를 뒤따라오던 소년이 절 앞에서 온데간데 없어졌다.

"얘, 만수사리야! 만수사리야!"

목이 터져라 불러보았으나, 메아리만 들려올 뿐 그림자도 찾을 수 없었다.

왕자의 목소리를 듣고 스님이 나와서는,

"왕자님, 만수사리라니…… 누구를 부르십니까?"

하니 왕자는 그동안 산에서 있었던 얘기를 상세히 일러주었다.

"그는 사람이 아니라 문수보살님의 화신입니다. 이제 왕자님께서는 문수보살님을 친견하고 또 선약도 얻어 잡수셨으니, 묵은 병은 말끔히 다 나을겁니다. 그동안 일심으로 기도하신 그 정성에 보살님께서 감응하셨나 봅니다."

"아! 보살님을 보고도 보살님으로 볼 수 있는 눈이 나에게 없다니 이런 어리석은 중생이 또 어디 있겠나."

왕자는 발을 구르며 애석해 했다.

자기 방으로 들어간 왕자는 깊은 잠에 빠져 들었다. 산삼에 도취해서 하루 반만에 깨어난 그는 몸과 마음이 한결 가벼워 옴을 느낄 수 있었다.

"이제 내 병은 다 나았다. 어서 궁으로 돌아가자."

곧 왕자는 건강한 몸으로 회복되어 왕위에 올라 천하
의 주인이 되었다. 전날에 왕자를 시종하느라 고생이
많았던 내관 유겸지를 신임하여 특별히 총애하였다.

그러나 유내관이야말로 상으로 내리신 높은 벼슬
도, 재산도 다 귀찮았다. 옛날 왕자님이 병으로 고생
하실 때의 그 심정을 알 것 같았다. 벼슬이 높아 가고
부귀영화가 한 몸에 다가올수록 원망스러운 것은 부
모요, 전생의 업연(業緣)이었다.

아내 역시 그의 부모를 원망하였다.

"부귀영화를 누리자고 멀쩡한 자식을 병신으로 만
들어 내관의 양자로 보낸 부모나, 또 사위 덕을 보고
자 딸자식을 병신에게 준 나의 부모나 모두 죄를 받
아야 합니다."

아내는 언제나 짜증 섞인 말대답뿐이었다.

"날아다니는 새들도, 말 못하는 짐승들도 밤이면
사랑을 속삭이건만 우리는 외관(外觀)은 멀쩡하게 생
겨 가지고 이렇게 살아야 하는 운명, 차라리 죽어 다
음 생이나 잘 받도록 합시다."

비관 섞인 말만 하는 아내를 대할 때마다 유내관의
마음은 천 갈래 만 갈래 찢어지는 것 같아 견딜 수가
없었다.

생각다 못한 그는 왕자님께 자신의 고통을 말씀드
렸다.

"이렇게 고통 속에 사느니 차라리 죽어 내세를 기약하는 게 나을 것 같습니다. 그러나 부처님께선 '지어진 업은 억만 년의 세월이 지나도 회피할 수 없다' 하셨으니 죽는다고 업이 없어지는 것은 아니니 저도 왕자님처럼 청량산에 들어가 마지막으로 기도나 한 번 해 보고 싶습니다."

"생각이 그렇다면 하루빨리 길을 떠나시오. 부처님의 신통은 무불통지라 어찌 유내관이라 보살피지 않겠소. 부디 소원을 이루고 돌아오시오."

말을 끝낸 왕자는 유내관을 위로하였다.

유내관이 청량산 산속으로 들어가 기도한 지도 천일이 되어 왔다. 눈물의 기도를 하기가 그 몇 번이던가. 헤아려 볼 수도 없었다.

오늘도 언제나처럼 개울에 나가 세수를 하다가 유내관은 깜짝 놀랐다. 턱 밑에 수염이 나 까끌까끌한 것이 손끝에 느껴졌다.

"아니 나에게 수염이 나다니? 참 이상한 일도 다 있구나……?"

혼자 중얼거리다가 절로 뛰어가면서 스님을 불렀다.

"스님! 스님!"

"아니 내관님, 어떻게 남자 음성이 되었습니까? 전에 못 듣던 우렁찬 음성입니다."

놀란 것은 스님보다도 유내관이었다.

내관의 음성은 여자와 같이 가늘고 곱고 맑을 뿐, 굵직한 남자의 음성이 나지 않았으니 말이다.

"스님! 저도 수염이 났습니다. 거울을 좀 보여주십시오."

거울 속에 비친 자기의 얼굴에 수염이 나 있었다.

그는 몇 번이나 턱을 어루만져 보다가 눈물을 펑펑 쏟았다.

"아…! 부처님! 저도 이제는 사람 노릇 남편 노릇을 할 수가 있을 것 같습니다."

백배 천배 절을 하고 나서 그는 집으로 돌아왔다. 기쁨의 눈물로 맞이하는 아내를 쳐다보는 유내관의 눈에도 눈물이 고였다. 얼마나 오랜 세월을 삭막하게 살아온 내외간이었던가. 부모와 아내는 물론이려니와 임금님께서도 기뻐하시며 청량산 산사에 곧 불사를 일으켜 주었다.

유내관은 벼슬도 더욱 높아지고 몇 년 후, 아들과 딸 한 명씩을 낳아 단절될 뻔했던 한 대를 잇고 행복하게 살아 모든 사람들의 부러움을 샀다.

유내관은 이 모든 부귀·영화·행복 모두가 부처님의 은혜라 생각하며 평생을 손에서 불서(佛書)를 놓지 않고 각 사찰의 불사를 도우며 마침내는 화엄경 육백 권을 써 내놓았다 한다.

보왕삼매론

⊙ 몸에 병 없기를 바라지 말라. 몸에 병이 없으면 탐욕
  이 생기기 쉽나니, 그래서 성인이 말씀하시되 「병고로
  써 양약을 삼으라」 하셨느니라.

⊙ 세상살이에 곤란함이 없기를 바라지 말라. 세상살이
  에 곤란함이 없으면 업신여기는 마음과 사치한 마음
  이 생기나니, 그래서 성인이 말씀하시되 「근심과 곤란
  으로써 세상을 살아가라」 하셨느니라.

⊙ 공부하는데 마음에 장애 없기를 바라지 말라. 마음에
  장애가 없으면 배우는 것이 넘치게 되나니, 그래서 성
  인이 말씀하시되 「장애 속에서 해탈을 얻으라」 하셨
  느니라.

⊙ 수행하는데 마魔없기를 바라지 말라. 수행하는데 마
  가 없으면 서원이 굳건해지지 못하나니, 그래서 성인

이 말씀하시되「모든 마군으로써 수행을 도와 주는 벗으로 삼으라」하셨느니라.

⊙ 일을 꾀하되 쉽게 되기를 바라지 말라. 일이 쉽게 되면 뜻을 경솔한데 두게 되나니, 그래서 성인이 말씀하시되「여러 겁을 겪어서 일을 성취하라」하셨느니라.

⊙ 친구를 사귀되 내가 이롭기를 바라지 말라. 내가 이롭고자 하면 의리를 상하게 되나니, 그래서 성인이 말씀하시되「순결로써 사귐을 길게 하라」하셨느니라.

⊙ 남이 내 뜻대로 순종해 주기를 바라지 말라. 남이 내 뜻대로 순종해 주면 마음이 스스로 교만해지나니, 그래서 성인이 말씀하시되「내 뜻에 맞지 않는 사람들로써 원림園林을 삼으라」하셨느니라.

⊙ 공덕을 베풀려면 과보를 바라지 말라. 과보를 바라면 도모하는 뜻을 가지게 되나니, 그래서 성인이 말씀하시되「덕 베푼 것을 헌신처럼 버리라」하셨느니라.

⊙ 이익을 분에 넘치게 바라지 말라. 이익이 분에 넘치면 어리석은 마음이 생기나니, 그래서 성인이 말씀하시되 「적은 이익으로써 부자가 되라」 하셨느니라.

⊙ 억울함을 당해서 밝히려고 하지 말라. 억울함을 밝히면 원망하는 마음을 돕게 되나니, 그래서 성인이 말씀하시되 「억울함을 당하는 것으로 수행하는 문을 삼으라」 하셨느니라.

이와 같이 막히는 데서 도리어 통하는 것이요, 통함을 구하는 것이 도리어 막히는 것이니, 이래서 부처님께서는 저 장애 가운데서 보리도를 얻으셨느니라.
저 「앙굴마라」와 「제바달다」의 무리가 모두 반역의 짓을 했지만, 우리 부처님께서는 모두 수기를 주셔서 성불하게 하셨으니, 어찌 저의 거슬리는 것이 나를 순종함이 아니며, 제가 방해한 것이 나를 성취하게 함이 아니리요. 요즘 세상에 도를 배우는 사람들이 만일 먼저 역경에서 견디어 보지 못하면, 장애에 부딪칠 때 능히 이겨내지 못하고 법왕의 큰 보배를 잃어버리게 되나니, 이 어찌 슬프지 아니하랴.

삼 세 인 과 (설화 · 영험)

1989(불기2533)년 2월 29일　초판　1쇄 발행
2020(불기2564)년 7월 21일 개정판 15쇄 발행

엮은이 ｜ 서 민 정
발행인 ｜ 김 동 금
발행처 ｜ 우리출판사

주　소 ｜ 서울시 서대문구 경기대로 9길 62
등　록 ｜ 제9-139호
전　화 ｜ (02)313-5047
팩　스 ｜ (02)393-9696
메　일 ｜ woribooks@hanmail.net
홈페이지 ｜ www.wooribooks.com

ISBN 978-89-7561-007-3　03220

정가 10,000원